沖縄は「不正義」を問う

第二の〝島ぐるみ闘争〟の渦中から

付・辺野古代執行訴訟 翁長知事「意見陳述」全文

琉球新報社論説委員会

高文研

✻——はじめに

「北米の一政治家、叫びて曰《いは》く　我れに自由を與《あた》へよ　然《しか》らざれば死を與へよ」

1911（明治44）年7月12日付琉球新報社説は、イギリスの植民地支配に異を唱え、アメリカ独立運動を主導したパトリック・ヘンリーの歴史に残る名文句の引用で書き始める。そして「県下五十万の民衆、叫びて将に言はんとす、我れに代議権を與へよ、然らざれば自治を與へよ」と国に迫った。

社説は「我れに参政権を與へよ」との同じテーマで21日付まで8回にわたり掲載し、抑圧されたアメリカと支配国イギリスの関係を、沖縄と国の関係に重ね合わせ、衆院選実施を要求した。その背景には国の沖縄差別があった。

1890（明治23）年の第1回衆院選で、沖縄は北海道とともに蚊帳《かや》の外に置かれた。1900（明治33）年の法改正で、沖縄での衆院選実施が決まりはしたが、施行は「勅令《ちょくれい》で定む」として先送りされ、宮古、八重山は除外された。社説はそれに異議を唱え、衆院選の早期実施を求めたのである。

沖縄初の衆院選は社説掲載から10カ月後の1912年5月である。しかし宮古《みやこ》、八重山《やえやま》を選挙区に加え、定数が2から5となったのは1919（大正8）年。全国から30年近くも遅れてのことだった。

右のような往時の沖縄と今の沖縄の置かれた状況は重なって見える。約100年前に沖縄が求めた「法の下の平等」が、今なお完全には実現していないからである。

その最たるものが米軍基地問題である。詳しくは本書に収録した社説に譲るが、国土面積の0・6%しかない沖縄に在日米軍専用施設の73・8%が集中する状況は異常としか言いようがない。戦闘機やヘリコプターが民間地域に墜落し、住民が犠牲にもなった。米兵による事件・事故は後を絶たない。授業中の学校上空もお構いなしに米軍機が飛ぶ。米軍基地の存在によって県民は日々、危険にさらされ、爆音被害に悩まされている。このような状況が戦後70年続いている。

宜野湾市にある米軍普天間飛行場の移設に伴う名護市辺野古への新基地建設を内容とする国の移設計画は、県民に基地被害を今後とも受忍せよということにほかならない。米軍機は沖縄全域を自由に飛び回っており、新基地ができてもそれは変わらないことを県民は知っている。移設計画は基地負担の軽減や危険性除去にはつながらないのである。

そもそも国の対応には疑問な点が多い。国が2015年10月、地元の理解が得られないとして、米軍普天間飛行場所属オスプレイ訓練の佐賀空港移転計画を取り下げたことはその一例である。取り下げは当然ではあるが、沖縄からすれば釈然としない。佐賀では地元の反対を重視し、尊重する一方で、沖縄では圧倒的な反対を無視する。国は矛盾を感じないのだろうか。

中谷元《なかたにげん》・防衛相は山口祥義《よしのり》佐賀県知事との会談で「佐賀県に負担が集中するような利用は考えていない」と述べた。なぜ沖縄に対しても同じことが言えるように努力しないのか。

沖縄基地負担軽減担当相を兼務する菅義偉《すがよしひで》官房長官は、県内移設を認めないのならば対案を出すべきだと暗に言う。防衛は国の専権事項と言いながら、対案を求めるおかしさに気付かないのだろうか。

国は普天間飛行場の危険性除去のためには、辺野古移設が「唯一の選択肢」とする。だが、危険性を70年間も放置しておいた上に、さらに新基地が完成するまでの間も普天間飛行場の存在によって危険な状態は続くのである。これを危険性除去と言えるのか。

現実的対応を求める姿勢も理解できない。理想の実現を徹底的に追求することなく、現実的対応という言葉だけで片付けることは、政治や行政の責任を放棄したも同然である。現実的対応を言う前に、理想的な対応を目指したと胸を張って果たして言えるのだろうか。

本書に収録した社説から浮かび上がることは、沖縄に対する安倍政権の強権姿勢であり、対米従属姿勢である。それを反映して社説では「民意」という言葉が多用されている。それは取りも直さず、沖縄の民意が踏みにじられていることの証しである。これは日本の民主主義に関わる問題であり、改めなければならない。社説で訴えていることは、まさにそのことである。

オスプレイ訓練の佐賀空港移転計画取り下げのように、民意を尊重する姿勢を沖縄に対しても貫き通してほしいという当たり前の要求さえ無視されているのである。民意の重みに差があれば、県民は差別だと感じる。当然だろう。

いきおい、社説の文言も厳しくなる。表現や見出しが「きつい」と感じる読者もいよう。このような社説で、基地問題が解決できるのか、国に思いが届くのかとの疑問を抱くかもしれない。しかし民意を無視して新基地建設工事が進む切迫した状況にあり、国のやり方を厳しく批判せねばならないことを理解していただきたい。

将来にわたり、県民の安全を脅かし、経済発展を阻害する新基地を建設させてはならない。これが沖縄の圧倒的な民意である。琉球新報は沖縄の報道機関として沖縄の民意実現を求め続けることで県民、さらには将来世代に対する責任を果たしていきたい。

作家の百田《ひゃくた》尚樹氏や自民党の議員らによる「報道圧力問題」では、県外の方々からも多くの激励の電話や手紙などをいただいた。沖縄の新聞を支援したいと、購読申し込みも多数あった。この場を借りてお礼を申し上げたい。

沖縄の米軍基地問題に対する琉球新報社のスタンスを、今回も県外に発信する機会を与えてくださった高文研のみなさまにも、深く感謝したい。

２０１６年１月１日

琉球新報社・取締役論説委員長　**玉城常邦**

■もくじ

❇―はじめに　1

特別評論―2014〜15年

✣慰霊の日―不戦のための言論守りたい（社会部長　松永勝利／2014年6月23日）　12
✣翁長・菅会談―沖縄に民主主義を適用せよ（編集局長　潮平芳和／2015年4月5日）　14
✣再点検・普天間問題―今こそ「足跡」消す時だ（報道本部長　松元剛／2015年4月26日）　18
✣百田氏発言と報道姿勢―県民と共に使命貫く（報道本部長　松元剛／2015年6月27日）　21
✣安全保障法制―やはり廃案にすべきだ（論説委員長　玉城常邦／2015年7月15日）　23
✣知事承認取り消し―変わらぬ政府の二重基準（論説副委員長　普久原均／2015年10月15日）　25
✣辺野古本体工事着手―看過できない「新琉球処分」（編集局長　潮平芳和／2015年10月29日）　27

琉球新報社説―2014年

❇沖縄の自己決定権―民意の力で尊厳回復を（1月3日）　32
❇名護市長選挙、稲嶺氏再選―誇り高い歴史的審判（1月20日）　34
❇「建白書」を破棄するのか―沖縄の総意を後世に残せ（2月9日）　37
❇ヘリ着艦失敗―米軍の隠蔽体質が問題だ（3月8日）　39
❇島ぐるみ会議―命と人権を次代へ継ごう（3月23日）　41
❇米大統領オバマ様―辺野古断念で決断を（4月23日）　42

＊憲法世論調査―解釈変更拒否は明白だ（5月4日）　45
＊普天間移設世論―国策の犠牲を強要するな（5月5日）　46
＊名護漁協に36億円―恵みの海を金で汚すのか（5月24日）　48
＊高江訴訟上告棄却―罪深き最高裁の政府追従（6月19日）　49
＊辺野古着工―強行は構造的差別だ（7月3日）　51
＊島ぐるみ会議―尊厳回復へ再結集を（7月29日）　53
＊海上自衛艦出動―武力で県民を恫喝する野蛮（8月8日）　55
＊掘削作業に着手―もはや「恐怖政治」だ（8月18日）　57
＊辺野古集会再び―民意の地殻変動に向き合え（9月23日）　61
＊辺野古工事変更―アセス制度否定に等しい（10月27日）　64
＊知事選告示―揺るがぬ公約の実現を（10月30日）　65
＊新知事に翁長氏―尊厳回復に歴史的意義（11月17日）　68
＊那覇市長に城間氏―県都でも民意が動いた（11月18日）　71
＊衆院選公示―憲法改正、正面から問え（12月2日）　74
＊翁長知事就任―自己決定権発揮の時（12月10日）　76
＊「オール沖縄」全勝―自民党候補、全選挙区で落選（12月16日）　79
＊伊江島F35計画―新たな負担を押し付けるな（12月18日）　82
＊米兵飲酒事件続発―米軍は緩和措置取り消せ（12月23日）　84
＊知事との会談拒否―県民との対話閉ざすのか（12月28日）　85

琉球新報社説―2015年

＊対話拒否―安倍政権は知事と向き合え（1月8日）　88
＊海上保安官「馬乗り」―決して許されない行為だ（1月25日）　90
＊辺野古検証委員会―作業阻止へあらゆる手段を（2月8日）　91
＊大浦湾サンゴ破壊―ブロック投下は許されない（2月11日）　93
＊高江ヘリ着陸帯先行提供―恥ずべき対米従属だ（2月19日）　95
＊新基地工事の停止指示―安倍政権は従うべきだ（3月24日）　96
＊農水相効力停止決定―まるで中世の専制国家（3月31日）　99
＊「辺野古基金」創設―新基地阻止の基盤固めよ（4月3日）　101
＊翁長・菅会談―自治の抑圧即時やめよ（4月6日）　103
＊知事・首相会談―「圧倒的な民意」は明白（4月18日）　105
＊砂上の日米同盟―敵意に囲まれた持続は不可能（4月30日）　108
＊先島陸上自衛隊配備―軍事要塞化は認められない（5月11日）　111
＊新基地拒否県民大会―戦後70年の重い決意だ（5月18日）　113
＊翁長知事訪米―新基地阻止の決意示せ（5月27日）　117
＊米兵事件頻発―たがの緩みは明らかだ（6月8日）　120
＊普天間騒音訴訟―法治国家と言えるのか（6月12日）　121
＊辺野古で見つかった碇石―法治国家なら徹底調査を（6月17日）　123

＊慰霊の日—沖縄戦の教訓を次代へ（6月23日）　124
＊百田尚樹氏発言—開いた口がふさがらない（6月27日）　127
■琉球新報・沖縄タイムス《共同抗議声明》言論の弾圧許さず（6月27日）　129
＊報道圧力で処分—安倍首相の責任どう示す（6月29日）　130
＊基地跡地汚染—国は徹底的な調査継続を（7月1日）　132
＊自民党議員の圧力発言—議員辞職しか道はない（7月2日）　134
＊安倍首相謝罪—「異論排除」の体質改めよ（7月5日）　135
＊辺野古検証委員会報告—承認は取り消すしかない（7月17日）　137
＊米軍ヘリ墜落—いつまで災い続くのか（8月13日）　139
＊政府と県、第1回集中協議—どちらに道理があるか（8月14日）　140
＊辺野古協議決裂—尊厳かけ粛々と承認取り消せ（9月8日）　142
＊辺野古工事再開—民主主義踏みにじる愚行（9月13日）　143
＊知事、承認取り消し表明—岐路に立つ沖縄の尊厳（9月15日）　145
＊知事、国連演説—政府は重く受け止めよ（9月23日）　148
＊安倍改造内閣—「失望」の二文字しかない（10月8日）　151
＊承認取り消し—「民意」実現の出発点に（10月14日）　153
＊あの県民大会から20年—尊厳守れぬ現実の直視を（10月21日）　155
＊辺野古・国委員重複—建設計画の撤回しかない（10月24日）　157
＊知事の承認取り消しの効力停止—許せぬ「民意」への弾圧（10月28日）　158

※新基地本体工事着工―民意無視の強権政治だ(10月30日) 161
※県の不服申し出―政府の矛盾こそ審査せよ(11月3日) 164
※辺野古崎に土器―法治国家なら法の順守を(11月5日) 166
※国交相、埋め立て承認取り消しの撤回を「是正指示」―試される人権と民主主義(11月10日) 167
※元駐日米大使・モンデール氏証言―米は辺野古見直し唱えよ(11月11日) 169
※知事、国交相の「是正指示」拒否―民主国家の看板が問われる(11月12日) 170
※代執行提訴　指弾されるべきは誰か―片腹痛い政府の主張(11月18日) 172
※座り込み500日―驚異的な非暴力の闘い(11月20日) 175
※日米首脳会談―「沖縄とは共にない」首相(11月21日) 178
※苛烈な辺野古警備―市民の命危険にさらすな(11月23日) 179
※久辺3区交付金―政権の一手は逆効果生んだ(11月30日) 182
※知事の意見陳述　基地めぐる虚構暴いた―司法は理非曲直見据えよ(12月3日) 183

辺野古代執行訴訟　第1回口頭弁論　翁長雄志沖縄県知事「陳述書」全文 187

装丁＝商業デザインセンター・増田絵里

◇辺野古新基地をめぐる主な出来事（1995 ～ 2015 年）

1995 9月4日、沖縄本島北部で米兵3人が小学生の女の子を襲う。10 月 21 日、それに抗議して 8 万 5 千人が県民総決起大会に集結。

1996 4月 12 日、日米両政府が普天間飛行場の返還に合意。12 月2日、日米特別行動委員会（SACO）最終報告を承認、名護市辺野古沖を普天間飛行場の移設先に指定。

1997 12 月 21 日、普天間代替施設建設の是非を問う名護市民投票。反対が過半数（52・85％）を占める。12 月 24 日、比嘉鉄也名護市長、海上基地受け入れと辞任を表明。

1998 2月6日、大田昌秀知事、海上基地拒否表明。11 月 15 日、知事選で稲嶺恵一氏当選。

1999 11 月 22 日、稲嶺知事が移設先を名護市沿岸域と発表（但し使用期限 15 年などの条件付き）。12 月 27 日、岸本建男名護市長が受け入れ表明（条件付き）。翌 28 日、代替施設を辺野古沿岸域とした政府方針を閣議決定。

2004 4月 19 日、那覇防衛施設局移設事業に着手。8月 13 日、米軍ヘリ沖縄国際大に墜落。

2005 10 月 29 日、日米安全保障協議委員会（2プラス2）で、キャンプ・シュワブ沿岸部への移設を含む米軍再編の中間報告発表。12 月 16 日、県議会、沿岸案反対を決議。

2006 4月7日、島袋吉和名護市長、沿岸部に2本の滑走路建設案で合意。5月1日、2プラス2で在日米軍再編最終報告合意。11 月 19 日、知事選で仲井真弘多氏初当選。

2009 7月 19 日、鳩山由紀夫民主党代表が普天間飛行場の移設は「最低でも県外の方向」と表明。9月 16 日、鳩山政権発足。

2010 1月 24 日、名護市長選で移設反対の稲嶺進氏初当選。5月4日、鳩山首相来県し「県内移設」回帰を表明。11 月 28 日、知事選で「県外移設」を公約して仲井真氏再選。

2011 6月 21 日、2プラス2で辺野古にV字形の 2 本の滑走路建設で合意。

2013 1 月 28 日、沖縄県内全 41 市町村長、同議会議長、オスプレイの配備撤回、普天間基地の県内移設断念を求める建白書を持って上京、政府に提出する。3月 22 日、沖縄防衛局が辺野古沿岸部埋め立て申請。11 月 25 日、沖縄県出身自民国会議員が石破茂幹事長と面談後、辺野古容認へと変わる。12 月 27 日、仲井真知事、埋め立てを承認。

2014 1月 19 日、稲嶺名護市長再選。6月 20 日、日米政府が米軍提供水域の拡大に合意。8月 17 日、沖縄防衛局が 10 年ぶりに海底ボーリング調査再開。11 月 16 日、知事選で埋め立て拒否の翁長雄志氏が仲井真弘多氏に 10 万票の大差で勝利。12 月 14 日、衆院選沖縄選挙区の全4区で自民党候補が落選。

2015 1月 26 日、翁長知事が前知事の埋め立て承認の法的瑕疵検証の第三者委員会設置。7月 16 日、第三者委員会「前知事の承認に法的瑕疵」との報告書。9月 21 日、翁長知事が国連人権理事会で辺野古新基地阻止を訴え。10 月 13 日、翁長知事、承認取り消し。10 月 14 日、防衛省、承認取り消しの無効と審査請求を国土交通相に申し立て。10 月 27 日、国交相、承認取り消しを無効とする執行停止を決定。同月 29 日、沖縄防衛局、本体工事に着手。11 月2日、県は承認取り消しを無効とした国交相の決定に対し国地方係争処理委員会に審査を申し出。11 月9日、国交相、承認取り消しの是正を県に指示。11 月 11 日、翁長知事、是正指示を拒否。11 月 17 日、国交相、承認取り消しは違法として知事を相手に代執行訴訟を提起。12 月 25 日、県は国交相の承認取り消しの無効は違法として、決定の取り消しを求める抗告訴訟を提起。

【特別評論】〈2014～15年〉

首飾りのように白波の立っているのがサンゴ礁のリーフ（干瀬＝ひし）。辺野古のサンゴ礁はこのように大きく広がっている。この中に、ジュゴンの餌場の藻場（もば）もある。上方は大浦湾。沖縄本島周辺では最大のサンゴの宝庫である。この豊かな海を埋め立てて、新基地は造られる（2012・7・3）

■2014年6月23日

❖慰霊の日―不戦のための言論守りたい

松永　勝利（社会部長）

1995年3月11日、具志川市《ぐしかわ》（現うるま市）の具志川公民館に60代の男女6人に集まってもらった。6人は1945年4月4日に起きた23人による「集団自決」で奇跡的に生存していた。初めて取材に応じ、戦後50年にして当時の様子を語り始めた。壕の中で二つの円陣をつくり、軍歌「海行かば」を歌い、「自爆」の号令で、日本軍から「命を絶つために」と渡されていた手りゅう弾を爆破させた。

「爆発後、死ななかったが、体が小さくなっていく感じがした」。女性の1人は爆破で左目を失い、男女2人は今でも足の中に破片が残っていた。言葉を選びながらも当時の悲惨な出来事を静かに真剣に語り続けた。ひたむきな姿に、取材しながら感情が揺さぶられ、涙が止まらなかった。

命を取り留めた9人のうち、6人は戦後も地元で暮らしていた。これまで語らなかったのは、遺族の多くが地域に住んでおり、生還に引け目を感じていたからだ。それでも封印してきた記憶を呼び戻し、重い口を開いてくれた。それは戦争という過ちを二度と繰り返してはいけない、との思いを私たち次の世代に伝えるためだと受け止めた。

沖縄の新聞にとって、沖縄戦を取材し、記録し、読者に伝え続ける作業は重要な主題であり続けている。多くの住民の犠牲を強いた沖縄戦の実相を伝え続けるのは「不戦の誓い」を確認する作業だ。それは69年前、国家の言論統制を受け、「大本営発表」という軍部の虚偽の情報を基にした戦意高揚の記事を書き、住民を戦場に駆り出した新聞人としての反省の上に立った覚悟でもある。

固く目を閉じ焼香する子どもたち（2014・6・23／糸満市平和祈念公園）

琉球新報は2011年9月から連載「未来に伝える沖縄戦」を始めた。県内の中高生が記者と共に体験者を訪ね、取材した証言を紹介する企画は120回を超えた。連載を知った高齢者から「若い世代に自分の体験を伝えたい」との電話や手紙が相次いでいるのは、戦争へと突き進む日本への危惧の表れだろう。

政府は今、再び戦争ができる国へと歩を進めている。それも急速に。2013年12月、特定秘密保護法が成立した。防衛、外交、スパイ活動など「安全保障に関する機密」を「特定秘密」に指定し、処罰対象にするこの法律は沖縄戦時の改正軍機保護法と重なる。

1944年以降、沖縄から九州、台湾へと向かった住民の疎開船は次々と米軍潜水艦の魚雷攻撃を受け、多くの命が海へと消えた。軍機保護法で撃沈の事実が公表されず、疎開船に乗る住民がその後も続いたために犠牲が拡大したのだ。戦場では住民と日本軍が混然一体となり、米軍の投降に応じようとした住民らがスパイ視されて虐殺される事件も起きた。琉球新報が２０１３年８月以降、特定秘密保護法に反対する社説を30回以上掲載したのも、沖縄戦の教訓を忘れていないからだ。

安倍晋三内閣は現在、現憲法解釈を変えて集団的自衛権の行使を可能にする閣議決定を進めようとしている。政府が一連の流れで日米軍事一体化を進め、海外での武力行使拡大を急ぐのは、年内に再改定予定の「日米防衛協力指針」（ガイドライン）に間に合わせるためのようだ。在日米軍専用施設の74％が集中する沖縄にとって無関係ではいられない。今後一層、基地機能強化が進むことに危機感を抱かざるを得ない。

６月23日は「慰霊の日」。戦後69年のこの日に思う。本土防衛の「捨て石」にされた沖縄戦の悲劇を二度と繰り返さないための論陣を張り続けたい。そして日米安全保障条約の「捨て石」ともいえる沖縄の基地機能強化に異議を唱え続けたい。不戦のための言論を守るためにも。

■2015年4月5日

❖翁長・菅会談―沖縄に民主主義を適用せよ

潮平　芳和（編集局長）

歴史に美名を残すか、汚名を刻むか。５日に初会談する菅義偉《すがよしひで》官房長官と翁長雄志《おながたけし》知事には、まず米軍普天間飛行場返還問題で国と沖縄県のあつれきが頂点に達している中で行われる会談の歴史的意味を深くかみ締めてもらいたい。

住民の敵意に囲まれた米軍基地の存在、安全保障は異常である。そのように認識しているからこそ、日米両国は１９７２年に沖縄の日本復帰を実現させたはずだ。

それは「基地自由使用」の温存、「有事の核持ち込み密約」などさまざまな条件が付き、「基地のない平和で豊かな沖縄」「平和憲法の下への復帰」という県民の願いと程遠かったという問題はある。

これに対し、安倍政権は県民との対話すら拒み、民意をゆがめ、かえって普天間問題を複雑化させようとしているのではないか。

菅氏が2日「辺野古《へのこ》移設に反対する人もいれば、逆に普天間の危険性除去、一日も早く解決してほしいという多くの民意もある」と会見で述べた。政権中枢から飛び出したこの言葉にがくぜんとする。

県民が２０１４年の名護市長選、知事選、衆院選４小選挙区の全てで辺野古移設反対の候補を選択したこと、１９９６年に日米が普天間返還に合意して以来、県民が各種世論調査で繰り返し辺野古移設に「ノー」を突き付けてきたことなど、この期に及んでまだ沖縄側に民意の説明を求めるのか。

この国は民主主義の国だ。にもかかわらず、沖縄については辺野古新基地を拒否する民意が一顧だにされない。安倍晋三首相は外国首脳との会談で、好んで自由と民主主義、基本的人権の尊重、法の支配という普遍的価値を語り、これを国際社会と共有していると喧伝する。それを言うなら県民とも普遍的価値を共有すべきではないか。

普天間の「危険性除去」という目的意識は、県民と政府に違いはあるまい。問題は実現「手段」だ。

安倍首相も菅官房長官も繰り返し、辺野古移設が「唯一の選択肢」だと言う。しかし、沖縄側は一昨年、安倍首相に提出した「建白書」で41市町村の全ての首長、議会代表、県議会各派ら県民代表の連名で普天間基地の「閉鎖・撤去」「県内移設断念」を要求した。この隔たりをどう埋めるつもりか。

県民の意思は明確だ。戦後70年間、沖縄はもう十分過ぎるほどこの国の安全保障に貢献してきた。これからは国民全体で安全保障の受益と負担を分かち合うのが筋だ。普天間の県外・国外移設、閉鎖・撤去を

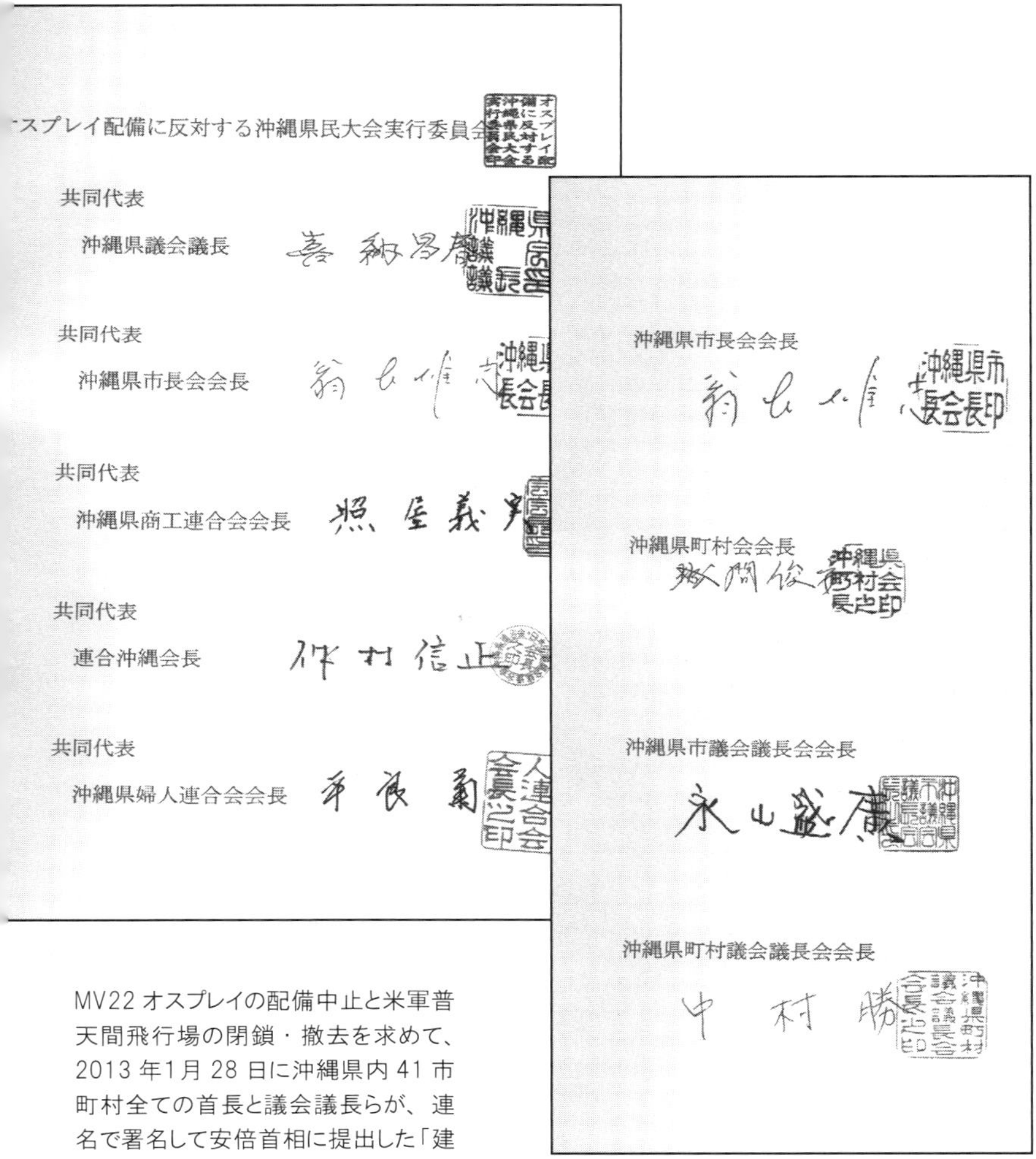
ォスプレイ配備に反対する沖縄県民大会実行委員会

共同代表
沖縄県議会議長　　喜納昌春

共同代表
沖縄県市長会会長　翁長雄志

共同代表
沖縄県商工連合会会長　照屋義実

共同代表
連合沖縄会長

共同代表
沖縄県婦人連合会会長

沖縄県市長会会長

沖縄県町村会会長

沖縄県市議会議長会会長

沖縄県町村議会議長会会長

MV22 オスプレイの配備中止と米軍普天間飛行場の閉鎖・撤去を求めて、2013 年1月 28 日に沖縄県内 41 市町村全ての首長と議会議長らが、連名で署名して安倍首相に提出した「建白書」

平成 25 年 1 月 28 日

内閣総理大臣
安　倍　晋　三　殿

建白書

我々は、2012 年 9 月 9 日、日米両政府による垂直離着陸輸送機 MV22 オスプレイの強行配備に対し、怒りを込めて抗議し、その撤回を求めるため、10 万余の県民が結集して「オスプレイ配備に反対する沖縄県民大会」を開催した。

にもかかわらず、日米両政府は、沖縄県民の総意を踏みにじり、県民大会からわずかひと月も経たない 10 月 1 日、オスプレイを強行配備した。

沖縄は、米軍基地の存在ゆえに幾多の基地被害をこうむり、1972 年の復帰後だけでも、米軍人等の刑法犯罪件数が 6,000 件近くに上る。

沖縄県民は、米軍による事件・事故、騒音被害が後を絶たない状況であることを機会あるごとに申し上げ、政府も熟知しているはずである。

とくに米軍普天間基地は市街地の真ん中に居座り続け、県民の生命・財産を脅かしている世界一危険な飛行場であり、日米両政府もそのことを認識しているはずである。

このような危険な飛行場に、開発段階から事故を繰り返し、多数にのぼる死者をだしている危険なオスプレイを配備することは、沖縄県民に対する「差別」以外なにものでもない。現に米本国やハワイにおいては、騒音に対する

真剣に検討するときだ。

国土の０・６％にすぎない沖縄に在日米軍専用施設の74％が集中する過重負担の状況を、劇的に改善する責任は政府にあることもあらためて強調したい。

知事に就任した翁長氏に対する安倍政権の冷淡な対応に多くの県民が憤り、悲しんでいる。１４２万県民を代表する知事に対する冷淡な態度は、県民を侮辱するに等しい。これは明らかな沖縄差別だ。

地域の安全・安心と県民の「平和的生存権」を子々孫々《ししそんそん》まで左右しかねない国策への異議申し立てを、政治が無視し続けるのなら、もはや民主国家とはいえまい。

愛知県岩倉市議会や長野県白馬《はくば》村議会のように、政府の辺野古新基地建設に関する強硬姿勢を懸念し「中央と地方との対等をうたう地方自治の侵害にもなりかねない」とする請願・陳情を採択し、国と県の対話を求める本土自治体も出始めている。心強い限りだ。

沖縄であれどこであれ、住民の平和的生存権や人権を脅かす国策に地域が翻弄される事態は理不尽だ。持続的かつ友好的な日米関係を望むなら、辺野古移設は断念すべきだ。

■２０１５年４月26日

❖再点検・普天間問題―今こそ「足跡」消す時だ

松元　剛（報道本部長）

恐らく、戦後の日米首脳会談の中で、最も多く登場した都道府県名は「ＯＫＩＮＡＷＡ」で間違いないだろう。それは、沖縄の民意に反して過剰に集中する米軍基地問題が日米間のとげとなり、いつまでたっ

キャンプ・シュワブ沿岸部のボーリング調査予定地点

ても抜けない異常さを示す。

安倍晋三首相とオバマ米大統領が4月28日に会談する。米軍普天間飛行場の代わりとなる名護市辺野古の新基地建設をめぐり、安倍首相は翁長雄志知事と会談したことを挙げ、着実な進展をアピールしたいはずだ。

だが、翁長知事は安倍首相に沖縄社会の強い反対をオバマ大統領に伝えるよう〝宿題〟を課している。政権に都合のいい情報を振りまく印象操作にたけた安倍首相であっても、翁長知事から「絶対に新基地を造らせない」と突き付けられたただ一度の会談を成果として喧伝できるほど厚顔ではあるまい。

1999年12月末、当時の稲嶺恵一知事から普天間飛行場の移設先として名護市辺野古を打診された岸本建男名護市長が受け入れた。代替基地の工法、規模、基地被害をどう抑えるのか、具体策は何もなかった。基地を無期限に使わせないため、稲嶺知事が最低限の条件とした使用期限15年の設定に日米は否定的だったが、将来の努力目標のような言い回しでお茶を濁していた。担保がない新基地受け入れは「白紙委任」に映った。

だが、岸本氏の記者会見を取材した私は解説の予定稿に記した「白紙委任に等しい」の文言を削った。なぜか。岸本氏は15年期限に加え、住民生活への影響を極力抑える基地使用協定締結など厳しい7条件を挙げて「守られない場合は容認を撤回する」ときっぱり言い切った。その表情、語調に〝空手形〟にさせない気概を感じたからだ。それは今の翁長知事にも通じる。

新基地の工法などが決まっても肝心の15年使用期限は日米の関心のらち外だった。両政府は2006年、沖縄の頭越しに現在のV字滑走路案で再合意した。稲嶺知事のぎりぎりの受け入れ条件は捨て置かれ、無期限の米軍専用基地計画に変貌した。地元を軽んじた政府に対し、末期のがんを患い、退任間際だった岸本氏は「日本政府とは今後一切交渉しない」と通告し、稲嶺氏もV字案ノーを貫いた。

もし、岸本氏が病に倒れず3期目に就いていれば、辺野古新基地の命脈はもっと早く絶たれていたかもしれない。

菅義偉官房長官が16年前の稲嶺、岸本氏の条件付き受け入れを挙げて、沖縄側のお墨付きをもらったと強調するが、条件を守らなかった側が持ち出すのは虚構にすがりついているようにしか見えない。「粛々《しゅくしゅく》」に続いて封印した方がいい。

翌2000年7月の沖縄サミットで、39年ぶりに現役として来沖したクリントン米大統領が県民向けの演説の舞台に選んだのは平和の礎だった。敵味方、国籍を超えて戦没者を刻む類例のない鎮魂碑の前で、クリントン氏は基地の過重負担について「県民は望んでいなかった」とした上で、「米軍の足跡を減らす」と約束した。あれから15年。辺野古新基地について県民は全ての世論調査で約7割から9割の反対意思を示してきたが、日米は沖縄の民意に向き合おうとせず、力ずくで建設を推し進めている。

クリントン氏が約束した米軍の足跡は減るどころか、鋭利な金具つきの軍靴でかさぶたを踏み付けるような苦痛を県民に与えている。

しかし、戦後70年の節目の年を迎えた沖縄の「新基地ノー」の民意は、尊厳を懸けて岩盤のような強さを増した。鋭い金具で踏み付けられてもびくともせず、逆に足をすくわれるのは日米両政府の側ではないか。

沖縄は日米沖の3者の相関関係の中で紛れもない当事者である。日米首脳は沖縄に新基地を押し付ける思考停止から脱し、民意を重んじて「米軍の足跡」を減らす約束を果たす歴史的使命を果たすべきだ。

■2015年6月27日

❖百田氏発言と報道姿勢―県民と共に使命貫く

松元　剛（報道本部長）

沖縄の民意が反映されない米軍基地問題には幾重もの不条理が横たわる。その中で、沖縄の新聞は常に「誰のために何のために、何をどう書くのか」という命題を突き付けられている。自民党内の会合で作家の百田《ひゃくた》尚樹氏が「沖縄の二つの新聞はつぶさないといけない」と発言した。それを機にあらためてこの命題に向き合い、沖縄の新聞の使命を再確認したい。

百田氏は、米軍普天間飛行場について「もともと田んぼの中にあった。基地の周りに行けば商売になるということで人が住みだした」とも述べた。ネット上で振りまかれている沖縄の基地問題をめぐる事実誤認の最たる事例だ。

戦前の宜野湾村役場は現在の滑走路付近にあった。琉球王国以来、そこは宜野湾の紛れもない中心地であり続けたのである。百田氏の「（2紙つぶせは）冗談だった」という釈明は後付けではないか。無理解と無責任ぶりが際立つ。

百田氏は安倍晋三首相と極めて親しい関係にある。今回の問題は安全保障法制の審議が滞り、国民の反対が強まっている最大の要因にマスコミ報道があるとしていら立ちを募らせる自民党内の空気を反映したものだろう。出席議員は百田氏の「2紙をつぶせ」発言に対して行き過ぎをとがめるどころか、「マスコミを懲らしめるには広告収入がなくなるのが一番だ」と同調し、文化人が経団連などに広告差し止めを働き掛けるよう促す発言さえ飛び出した。

自民党は4人の議員を処分したが、安倍首相と共著を出すほど親密な人気作家が言論封殺と県民への侮辱を帯びた基地形成をめぐる虚構をはやし立て、多くの議員が同調した事実は消せない。沖縄の苦難の戦後史への無知と無責任、報道・表現の自由を軽んじる傲慢《ごうまん》で危険な思考回路が照らし出されている。

圧倒的多数の議席を保持する政権党の意に沿わないなら、報道機関を組み敷けばいいという短絡的で浅はかな体質をさらけ出したのである。身内限りの会合でのあけすけな発言だからこそ、批判を許さない巨大与党の狭量と独善が際立つ。それが民主主義を壊し、為政者が一つの危うい色に国を塗り込める全体主義に行き着くことは歴史が証明している。戦争に導きかねない言論封殺の危険な動きが目の前に立ち現れているのである。

国会で「沖縄の人たちにおわびすべきではないか」と迫られた安倍首相は「言論の自由こそが民主主義の根幹だ」と述べ、一般論に逃げ込んだ。謝罪を拒んだ首相自身の責任が厳しく問われている。

沖縄の新聞は戦争遂行を後押しした。戦後はその深い反省から出発した。琉球新報の報道姿勢の根幹に

「戦争につながる報道は絶対にしない」がある。百田氏発言は、苦難の戦後史と県民と共に歩んで来た沖縄の新聞に対する認識が欠落している。その発言とそれを引き出した自民党議員の認識は、沖縄2紙のみならず、報道機関全体の報道・表現の自由に対する重大な挑戦であり、断じて容認できない。

私たちの基地報道の軸足は、米兵が日常的に起こす事件・事故で人権をむしばまれ、上空を飛び交う米軍機の遮りようのない爆音被害にさらされている県民の苦しみを共有することにある。その上で、基地の弊害を改善するよう求める報道を尽くしているのである。

それは沖縄の新聞の譲れない使命だと肝に銘じたい。

■2015年7月15日 玉城　常邦（論説委員長）

❖安全保障法制―やはり廃案にすべきだ

戦後70年の年に、日本は再び危険な道へと突き進んでいる。沖縄からは、集団的自衛権行使を可能とする安全保障関連法案の成立を目指す与党の背後に、戦争の黒い影がはっきりと見える。

沖縄戦で住民に多大な犠牲を払わせた責任の一端は新聞にもある。偽りの大本営発表で紙面を埋め、戦意高揚を図ったことは痛恨の極みである。

琉球新報は戦争のために二度とペンを執らないことを県民に約束した。戦争につながり、住民を危険にさらす可能性が高い安保法案を認めるわけにはいかない。廃案を強く求める。

集団的自衛権は自国が攻撃を受けていなくても、他国への攻撃に一緒に反撃するものである。それは憲法違反である。そこまでして、なぜ他国の戦争に進んで参加しなければならないのか。大いに疑問である。

安倍晋三首相は安保関連法案を「国家と国民の安全を守り、世界の平和と安全を確かにするものだ」と述べている。それをうのみにすることはできない。他国を攻撃すれば、反撃されるのは常識である。在日米軍基地の74％が集中する沖縄は真っ先に標的となる。沖縄をまた「捨て石」にするつもりなのか。

国際情勢の変化も理由に挙げている。だが、現在の日本周辺の情勢が国家と国民に危険を及ぼす恐れがあるとは言えない。中国脅威論も誇張が過ぎる。

県民にとって脅威となっているのは安保法案であり、聞く耳を持たぬ安倍政権である。

日本にとって脅威となる国際情勢であっても、それは外交で解決すべきものである。憲法に従えば、さまざまな困難があろうとも外交で解決することしか認められない。そのことを安倍政権はないがしろにしている。

安倍政権にとっての外交は米国の意に沿うこととしか見えない。安保法案しかり、名護市辺野古への新基地建設しかりである。米国の軍事費削減が目的なのは明らかだ。「国民の安全」「普天間の危険性除去」は二の次と考えていないか。

沖縄戦で多くの住民が犠牲となった県内では、廃案を訴えると同時に「平和憲法を守れ」との声が圧倒的である。全国でも多くの学者や若者ら幅広い人たちが大きな声を上げている。

にもかかわらず安倍首相は「私も丁寧に説明して（国民の）理解が進んできたと思う」と述べている。国内情勢さえ読めないのに、国際情勢が読めるはずがない。

大半の憲法学者が疑義を唱える「違憲立法」は、やはり廃案とするのが筋だ。安倍政権が法案成立に固執するならば、選挙で信を問うべきである。

■2015年10月15日

❖知事承認取り消し―変わらぬ政府の二重基準

普久原 均（論説副委員長）

米軍普天間飛行場の代替となる辺野古新基地建設をめぐり、翁長雄志知事がついに前知事の埋め立て承認を取り消した。これに対し防衛省は、取り消しの効力を止める執行停止申立書と、取り消しの無効を求める不服審査請求を国交省に提出した。

全面対決の様相だ。これはもはや国と県の単なる意見の相違ではない。基地問題にもとどまらない。沖縄が政府の命令に隷従するだけの存在か、自己決定権と人権を持つ存在なのかを決める、尊厳を懸けた闘いなのである。

経緯を振り返る。前知事仲井真弘多《なかいまひろかず》氏は普天間の県外移設を公約にして当選した。だが2013年末、突如として公約を翻し、新基地建設の埋め立てを承認した。病気と称して都内の病院に入院し、病院を抜け出し菅義偉官房長官らと密会した揚げ句のことだ。政府がどう説得したかは知らぬ。いずれにせよ民主主義的正当性と透明性を欠く承認だった。

翌2014年、辺野古を抱える名護の市長選も市議選も反対派が勝利した。知事選は仲井真氏が現職としては前代未聞の大差で翁長氏に敗れ、衆院選は自民候補が全選挙区で反対派に敗れた。民主主義の手続きとして、沖縄はあらゆる手段で新基地反対の意思を示したのである。

だが政府に、民意をくむ姿勢は小指の先ほどもなかった。沖縄は、民意を聴く対象ではないと言わんばかりだ。これを許容するなら、日本は地方分権どころか、民主国家ですらない。

とはいえ実は政府のこの姿勢は、今に始まったものではない。２００５年の在日米軍再編協議の際、今の辺野古移設案に決まる前に米側が在沖海兵隊の関東や九州北部への移転を打診したことがある。日本政府は応じなかった。当時、筆者は防衛庁（当時）首脳になぜ検討しないか尋ねた。答えはこうだ。「本土はどこも反対決議の山だ。どこに受け入れるところがあるか」

だが実際は、反対決議をしていたのは沖縄の議会だけだった。そもそも移転案を政府が明かしていないのだから他県では知る由もない。本土では移転案を打診のはるか手前で退けるのに、沖縄では反対決議があるのに強引に押し付ける。筆者は当時、これを「ダブルスタンダード」（二重基準）と書いたが、「辺野古が唯一」と繰り返して沖縄だけに押し付ける今の政府は、実は戦後一貫してきた国の姿勢を先鋭化したにすぎないのである。

沖縄では戦後、米軍の戦闘機が小学校に墜落して児童多数が死亡し、赤信号を無視した米兵の車に中学生がひき殺されても、「太陽がまぶしかった」という理由で無罪になった。米軍による辛酸《しんさん》を、どこよりもなめた地域である。

その地域が拒み続けているのに、政府は新たな基地を押し付けている。たとえて言えば、あの過酷な原発事故の後、地元の町長も知事も反対しているのに、新たな原発建設を福島で強行するようなものだ。沖縄以外では不可能であろう。沖縄は、今後もこの位置付けを甘受するか否かが問われているのである。

決着はいずれ司法の場に持ち越される。わが国の司法は、安全保障面では判断を避けるのが常だから、今回も沖縄にとって厳しいと予想される。だが、ことは人権に関わる。「人権が普通の人の半分でいい」と言う人はいるまい。中途半端な妥協はまずあり得ない。

地域の将来像を自分で決める。民主主義を適用し、投票結果が尊重される。そんな最低限の人権を獲得できるかが沖縄に問われている。同時に、日本が人権と民主主義をあまねく保障する国であるのか、特定の地域は民意を聴かずしてよしとするのか。全国民が問われてもいる。

■2015年10月29日

❖辺野古本体工事着手─看過できない「新琉球処分」

潮平 芳和（編集局長）

安倍政権の暴政が吹き荒れている。米軍普天間飛行場の名護市辺野古移設に向け、防衛省は10月29日にも埋め立て本体工事に着手する。辺野古問題をめぐり国と県の法廷闘争が現実味を帯びる中、工事着手は法治国家にあるまじき強権発動である。断じて容認できない。

政府は10月27日に辺野古移設計画に伴う県の埋め立て承認取り消しを「違法な処分」と判断し、「法令違反の是正を図る」として地方自治法に基づく代執行の手続きに入ると閣議決定した。石井啓一国土交通相は27日の閣議後会見で「翁長知事の違法な埋め立て承認の取り消し処分は著しく公益を害する」と述べた。

多くの行政法研究者が、「私人」に成り済ました沖縄防衛局が行政不服審査法に基づき審査請求したのは不適法だと指摘している。にもかかわらず、国交相は同じ政府機関である防衛局の主張を認め、県の取り消し処分の執行を停止した。茶番劇以外の何物でもない。

この国は、戦後一貫して行政協定や日米地位協定で米軍に特権的地位を与えて「基地の自由使用」を保障し、あらがう民意を巧みな「アメとムチ」の使い分けで封じ込めてきた。最近の安倍政権の動きや、県の承認取り消し処分を「著しく公益を害する」と断じた国交相発言にも、既視感がある。

1995年の記憶が脳裏をよぎる。米兵少女乱暴事件を機に、大田昌秀知事（当時）は地位協定改定要求を強め、米軍用地強制使用手続きの代理署名を拒否した。署名拒否の是非が争われた1996年の代理署名訴訟で、最高裁は強制使用の根拠となる米軍用地特措法の違憲性や基地過重負担などを訴えた県の主張を門前払いにし、国側全面勝訴の判決を言い渡した。

日米安保条約の適用範囲を「極東」から「アジア太平洋」に拡大する96年の安保再定義に大田県政が異を唱えても、日米両政府は事実上黙殺した。国会は97年、衆参両院の8割もの議員が強制使用手続きへの自治体の関与を剥奪する改正米軍用地特措法に賛成した。

戦後の安保政策を俯瞰すると、この国の三権が安保の運用や米軍駐留にまつわる構造的な「不平等」「不公正」に真剣に向き合ってきたとは到底思えない。

本土住民にも本土メディアにも問いたい。この国の平和と繁栄、民主主義が「基地沖縄」を踏み台にして成り立ってきた歴史をご存じだろうか？

一方、2014年実施された名護市長選と市議選、知事選、衆院選沖縄4選挙区の全てで辺野古新基地反対の候補が勝利した。県民世論調査では常に7～9割の県民が県内移設に反対している。翁長氏が選挙や世論調査で示された民意を尊重するのは民主国家の知事として自然なことだ。

国と県の法廷闘争は事実上「政権益VS県民益」の争いになるだろう。国は翁長氏を「著しく公益を侵害している」と批判する。しかし、この20年近く、ほとんど「県内移設」「辺野古移設」の一点張りで、県民が求める県外・国外移設、閉鎖・撤去をまともに検討してこなかったのはどこの国の政府か。仲井真弘多前知事が求めた普天間の「5年以内の運用停止」を米側にまともに要求しなかったのはどの政府か。

自らの不作為を棚に上げ、翁長氏や新基地に反対する人々を「公益の侵害」者に仕立てるのは卑劣極ま

本体工事着工。キャンプ・シュワブゲート前で抗議する市民（2015・10・29）

りない。

民主的正当性のない新基地建設は沖縄はもちろん、他のどの地域でもあってはならないことだ。普天間閉鎖、県外・国外移設を真剣に検討もせず「辺野古移設が唯一の解決策」と決めつける政府の姿勢は沖縄差別だ。沖縄を植民地扱いするにも等しい。こんな不正義を、新たな「琉球処分」を、県民は決して看過しないだろう。

この国の民主主義を死滅させないためにも、沖縄での安倍政権の暴走を止めねばならない。本土住民も国際社会も沖縄から目をそらしてはならない。

【琉球新報社説】〈2014年〉

普天間飛行場のMV22オスプレイ。2016年1月現在、24機が配備されている（2015・5・19）

■2014年1月3日

※沖縄の自己決定権―民意の力で尊厳回復を

ウチナーンチュの多くがわだかまりを抱えたままの年明けであったろう。仲井真弘多知事のあの詭弁《きべん》だらけの会見から5日足らずで新年を迎えざるを得なかった。

琉球・沖縄史を通じ、沖縄に犠牲を強要する側におもねり、喜々として沖縄を差し出すかのような人物が、沖縄を代表する立場だったことは一度もない。だから、あの知事の姿は信じがたかった。

だが沖縄は過去17年も埋め立てを許していない。そもそも沖縄の戦後史ほど、意思的に民主主義を獲得し、自力で尊厳を回復してきた歴史は、世界的に見てもそうない。沖縄の民意の力を信じよう。

◆無力感は思うつぼ

確かに、「有史以来の予算」と手放しで政府を持ち上げる知事のあの姿は直視しがたいものだった。首相官邸のホームページは沖縄を「乞食《こじき》」「ゆすりたかり」呼ばわりする書き込みにあふれた。沖縄への国民的同情という政治的資源は知事自身の手で失われた。県民の尊厳を傷つけた責任も重い。もっと罪深いのは県民を分断し、無力感に陥らせたことだ。

歴史的に見ると沖縄は始終このような分断工作にさらされてきた。米軍統治下では米国によって、復帰後は日本政府によって。もっと言えば薩摩侵攻以来でもある。世界史的に見れば植民地は常にそうだ。宗《そう》主《しゅ》国にとっては被植民者が仲間割れしていれば抵抗力が弱まるから好都合である。沖縄は定石《じょうせき》通りの展開だったのだ。

しかし戦後の沖縄はそれを見事にはね返してきた。島ぐるみ闘争、主席公選、そして復帰。民主主義を獲得し、それを駆使して権利と尊厳を勝ち取ってきたのだ。

中でも特筆すべきは立法院1962年2・1決議だ。1960年国連総会の「植民地主義無条件終止宣言」を引用し、国連加盟国に沖縄の不当な状況へ注意を喚起する内容だった。国連の宣言や国際法を調べ、決議を練り上げる。そんな能力が当時、日本のどこの議会にあっただろう。

今、県内には怒りと諦めが交錯している。だがこの無力感こそ、沖縄に犠牲を強いたい日米両政府の思うつぼである。国際社会の関心を招いて打開を図る。先人のそうした先見性と自主性に学びたい。

今こそ国際社会に訴えるときだ。われわれだけでなく次世代の、子や孫の命と尊厳がかかっているからだ。日米両政府が沖縄に差別と犠牲を強いる姿勢を変えようとしないから、政府任せで打開はあり得ない。解決策は沖縄の自己決定権回復しかない。

◆普遍的価値

犠牲の強要をはね返す論理なら、国際法に根拠は数多くある。

ハーグ陸戦条約（戦時国際法）46条は私有財産の没収禁止をうたう。略奪は厳禁だ。沖縄戦から68年、新基地を造れば1世紀を優に超える。これほど長期の占領は没収に等しい。圧倒的民意を踏みにじる基地新設も略奪に近い。

1966年の国際人権規約第1条には「すべての人民は自決の権利を有する」とある。1979年には日本も批准《ひじゅん》した。そうであれば、沖縄にとって死活的に重要なことは沖縄の民意に従うのが理にかなう。

沖縄の土地と空と海は沖縄自らが自由に使えるべきだ。

沖縄は、自由と民主主義が普遍的価値であるとの価値観に立っていると言い換えてもいい。米国はこの価値観を共有していないのか。日本政府はどうか。沖縄の代表が国連へ行き、これらを訴えるのは効果的なはずだ。

2014年9月、スコットランドは英国からの独立の是非を問う住民投票を行う。スペインのカタルーニャでも投票の動きがある。グアムも米国との自由連合盟約か州昇格か独立かの選択を模索する。沖縄でも自治州や道州制などの構想が復帰後連綿として続いてきた。独立研究学会も発足した。いずれにせよ、自己決定権を拡大しない限り、幸福追求はなしえない。差別的処遇を撤回させ、自らの尊厳を取り戻そう。

■2014年1月20日
※名護市長選挙、稲嶺氏再選―誇り高い歴史的審判

米軍普天間飛行場の移設問題が最大の争点となった名護市長選で、辺野古移設阻止を主張した現職の稲嶺進氏が、移設推進を掲げた前県議の末松文信氏に大勝し、再選を果たした。

選挙結果は、辺野古移設を拒む明快な市民の審判だ。地域の未来は自分たちで決めるという「自己決定権」を示した歴史的意思表明としても、重く受け止めたい。

日米両政府は名護市の民主主義と自己決定権を尊重し、辺野古移設を断念すべきだ。普天間の危険性除

琉球新報
THE RYUKYU SHIMPO
第37723号
2014年（平成26年）1月20日 月曜日

稲嶺氏再選

辺野古移設を拒否

名護市長選 末松氏と4155票差

安倍政権に打撃

【名護市長選取材班】米軍普天間飛行場の名護市辺野古移設問題が最大の争点となった名護市長選は19日に投開票され、移設の阻止を訴えた無所属現職の稲嶺進氏(68)＝社民、共産、社大、生活推薦＝が1万9839票を獲得し、移設推進を掲げた無所属新人の末松文信氏(65)＝自民推薦＝に4155票差をつけ大勝した。日米両政府が進める辺野古移設に、名護市民があらためて「ノー」の審判を示した。市長権限を最大限に使って阻止すると明言する稲嶺氏の再選で、辺野古移設は事実上困難となり、安倍政権に大きな打撃となった。

2、3、32、33面に関連、4、5面に特集

名護市長選

知事、辞任「全

埋め立て承認

国、方

石破氏

去策も、県民が求める普天間飛行場の閉鎖・撤去、県外・国外移設こそ早道だと認識すべきだ。

◆知事不信任

名護の平和と発展、子や孫の未来、持続可能な環境・経済の在り方を見据え、誇りを持って投票した市民に心から敬意を表したい。

稲嶺氏は一貫して「自然と未来の子どもを守るためにも、辺野古に新しい基地は造らせない」と訴えてきた。市民はその決意を信じ、市の発展と、自らや子孫の将来を託したと言っていいだろう。

選挙結果はまた、2013年末に普天間県外移設の公約を反故《ほご》にし、政府の辺野古埋め立て申請を承認した仲井真弘多知事に対する名護市民の痛烈な不信任と見るべきだ。

知事は選挙結果を真摯に受け止め、埋め立て承認を撤回すべきだ。沖縄を分断する安倍政権の植民地的政策に追従するのではなく、民意を背景に県内移設断念をこそ強く迫ってもらいたい。

知事は、辺野古移設への執着は県民への裏切りであり、辞職を免れないと認めるべきだ。県外移設公約を撤回し、民意に背いた県関係の自民党国会議員、自民党県連、市町村長もしかりである。

1996年の普天間返還合意以来、移設問題に翻弄《ほんろう》され苦痛を強いられてきた市民が、自らの意思で日米両政府による犠牲の強要をはね返した。これは子々孫々の代まで誇れる画期的な出来事だ。

選挙戦で自民党側は、移設問題は今選挙で「決着」と訴えていた。ならばその通り、辺野古断念で決着すべきだ。

今後は4万7千市民が心を一つに、豊かな自然と文化を誇る山紫水明《さんしすいめい》の里・やんばるの発展に尽くしてほしい。

狭い沖縄で新基地建設が強行されれば、どこであれ過重負担や人権侵害が生じ、生命・財産の脅威が深刻化、固定化することは火を見るより明らかだ。人の痛みをわが事のように受け止め「肝苦さ《ちむぐりさ》」と表現する県民にとって、基地のたらい回しは耐えがたい。

◆民主主義の適用

普天間飛行場は、米海兵隊輸送機オスプレイ24機が常駐配備され、住民の過重負担がより深刻化している。断じて容認できない。

知事の埋め立て承認直後に琉球新報などが実施した県民世論調査では、県外・国外移設と無条件閉鎖・撤去を合わせて73・5％を占めた。普天間代替基地は認められない。これが沖縄の民意だ。

本土住民も人ごとのように傍観するのではなく、普天間の閉鎖・撤去に強力な力添えをしてほしい。かつては辺野古移設を支持していた複数の米国の外交・安保専門家が見解を変え、「プランB（代替案）」の検討を提案している。

ノーベル賞受賞者を含む欧米知識人も辺野古移設に反対している。世界の良識が県民を支持している。日米は環境の変化を直視すべきだ。沖縄返還という歴史的事業を外交交渉でやり遂げた両国が480ヘクタールの普天間飛行場一つの閉鎖・撤去を決断できないはずはない。

県民は国政選挙や知事選、県議選、市町村長選など民主的手続きを駆使し辺野古移設拒否を表明してきた。世論調査で辺野古移設が過半数を占めたことは一度もない。

安倍晋三首相とオバマ大統領は、諸外国に向かって「自由と民主主義、基本的人権の尊重、法の支配という普遍的価値を共有する」と言う前に、沖縄にも民主主義を適用してもらいたい。民意の支持なき辺野古移設は実現不可能だ。県内移設を断念するときだ。

■2014年2月9日

※「建白書」を破棄するのか―沖縄の総意を後世に残せ

沖縄の民意に「見て見ぬふり」を決め込む安倍政権は、「オール沖縄」の意思が込められた歴史的文書

オスプレイ配備撤回などを訴えて東京・銀座をパレードする市町村代表ら（2013・1・27）

まで不当に軽く扱い、しゃくし定規を押し通そうとしている。

米軍輸送機オスプレイの配備撤回や普天間飛行場の県内移設断念を求め、県内の全41市町村長や議会議長らが署名して安倍晋三首相らに手渡した「建白書」が破棄の危機にさらされている。

照屋寛徳《かんとく》衆院議員の質問主意書に対する政府の答弁書で、防衛省が一般の行政文書として処理していることが明らかになった。自治体の要望の添え物のごとき配付資料と見なし、保管されている。不誠実極まりない対応であり、到底容認できない。

規定通りなら、保存期限の2015年3月以降に破棄されてしまう。答弁書には、閣議決定した安倍政権の意思が反映されている。もし「建白書」が破棄されれば、「沖縄の民意」を抹殺するに等しく、人の道に反する。首相や県選出・出身の自民党国会議員はだまって見過ごすのか。

名護市長選で普天間飛行場の辺野古移設に反対する稲嶺進氏が再選を果たしても、安倍政権は県内移設をごり押ししている。血のにじむような民意が凝縮された、沖縄戦後史に刻まれる「建白書」をめぐる冷淡な対応は、沖縄の民意無視の上書きにほかならない。

憲法は、国民が文書で要望を出す「請願権」を認めており、官公庁にその要望を誠実に処理する義務を負わせている。請願者が差別待遇を受けないよう定めている。

「建白書」は、県議会議員、全自治体の首長と議会議長が党派を超えて足並みをそろえ、沖縄の過重な基地負担と決別する決意を込めている。憲法が定める請願書そのものではないか。「建白書」が消え去ることはあってはならない。

政府は「住所や居所の未記載」を挙げ、「請願法に基づく請願書として受理したものではない」と説明するが、木を見て森を見ない、お役所仕事そのものだ。過重な基地負担にあえいできた戦後史を土台にした、沖縄の民意を受け止める想像力が、安倍政権に著しく欠如していることの証左であろう。

対応策はある。照屋氏や仲地博沖縄大副学長（現学長）が指摘する通り、歴史公文書として国立公文書館に収蔵すれば、後世に残すことができる。安倍首相は閣議決定を見直す政治判断を下すべきだ。

■2014年3月8日

※ヘリ着艦失敗—米軍の隠蔽体質が問題だ

度重なる事故の連鎖に、沖縄が強いられている危険性を実感する。米軍普天間飛行場所属のＡＨ１Ｗヘリが揚陸艦への着艦に失敗した。米軍は、自軍の定義では事故に該当しないと強弁するかもしれないが、機体が破損したのだから常識的感覚では事故と呼ぶほかない。

嘉手納基地所属F15戦闘機の風防落下に続く2日連続の事故だ。これが民間の航空会社なら、安全策を確立するまで運航停止となるに違いない。米軍も、原因究明と再発防止策構築までAH1Wを飛行停止とすべきだ。

事故は5日夜、本島の東側洋上でのドック型揚陸艦「デンバー」への夜間着艦訓練中に起きた。ヘリは機体右側の接地脚（スキッド）と、接地脚と胴体を結ぶクロスチューブと呼ばれる部分を破損した。

事故もさることながら、問題なのは米軍の隠蔽体質だ。5日夜に発生していながら公表せず、関係機関の問い合わせを受け、6日夕方になってようやく認めた。

しかも、沖縄防衛局が6日午後に照会した際には、「6日にホワイトビーチで米軍機の事故は発生していない」と回答していた。

納得できる人がいるだろうか。確かに事故は5日で、「6日には発生していない」のだが、詭弁《きべん》と言うほかない。あまりにも不誠実な態度だ。着艦失敗の事実を県民に知らせたくないという意図が透けて見える。

米本国ではあり得ない。これが欧州なら、イタリアやドイツは強く抗議するだろう。こんな事態でも日本政府は「適時適切な情報提供」を求める、という程度である。

内閣官房沖縄危機管理官は「どんな事案であれ、米軍側はできるだけ早く通報してもらいたい」と述べているが、人ごとのような「評論」では済まない。直ちに厳重抗議すべきではなかったか。

事故通報の迅速化が危機管理官設置の目的の一つだったはずだ。今回の米軍の態度は、このポストが機能していないことの証明と言える。存在意義が問われる事態と認識すべきだ。

米軍機の墜落は復帰後も年1回以上起きている。部品落下や着陸失敗などを含めると540件を超える。こんな県がほかにあるか。

このような事態が放置されるのも、米軍による基地の使い方に日本側が一切口出しできないと定める日米地位協定があるからだ。主権国家なら協定を抜本改定すべきだ。

■2014年3月23日
※島ぐるみ会議──命と人権を次代へ継ごう

「オール沖縄」運動の再構築を目指す「沖縄『建白書』を実現し未来を拓く島ぐるみ会議」が6月に結成される運びとなった。

県内41市町村の全首長や議長、県議らが署名し昨年1月に安倍晋三首相に提出した建白書は、米軍普天間飛行場の閉鎖・撤去、県内移設断念やオスプレイの配備撤回を求めていた。その実現を目指すこの会議の趣旨は、多くの県民の意思に沿うもので高く評価したい。

建白書の意義は、特定のイデオロギーの主張ではなく、県民の生命と人権、沖縄の尊厳を守る立場から大同団結したということだ。当時の全首長が保革の立場を超えて賛同したことがそれを物語る。

言い換えれば、日米両政府が事あるごとに喧伝する自由と民主主義、基本的人権の尊重といった普遍的価値を沖縄にも適用せよ─とごく当然の要求をしたものだ。

1966年の国際人権規約第1条は「すべての人民は自決の権利を有する」とうたう。沖縄県民にも沖縄の未来を自ら決める自己決定権があると理解できる。

しかし安倍政権は県民の思いが詰まった建白書を、人類の普遍的価値や自己決定権に根差したこの歴史的文書を黙殺してきた。自民党の県関係国会議員や県連、仲井真弘多知事に圧力をかけ、普天間の名護市辺野古移設を容認させた。

政府の沖縄分断策により沖縄の結束は揺らいでいる。だが建白書の否定は自由と民主主義、人権の尊重という普遍的価値の否定にほかならない。正義は沖縄側にある。これ以上黙殺は許されない。

島ぐるみ会議に名を連ねる人々は、在日米軍専用施設の約74％が沖縄に集中する現状を「社会的正義にもとる軍事植民地状態」と認識し、県民の生存権が脅かされている状況を「経済的、社会的および文化的発展の自由を否定する構造的差別」だと指摘する。

稲嶺恵一前知事は、仲井真知事の埋め立て承認を踏まえ「混乱は続くが（移設問題で）県民が一本化して沖縄に押し付けるのはおかしいと国民に訴え、政府を動かすことが重要だ」と強調した。沖縄分断策の本質を冷徹に見抜く、稲嶺氏ならではの説得力ある指摘だ。

日米が国民の信頼に根差した持続可能な日米関係を望むのなら、建白書を真摯に受け止めるべきだ。県内の全ての政党もオール沖縄の再結集を側面支援すべきだ。

■2014年4月23日

※米大統領オバマ様―辺野古断念で決断を

ようこそ、米国大統領バラク・オバマ様。あなたの日本訪問を歓迎し、注目もしております。

安倍晋三首相と会談し、日米同盟の深化や環太平洋連携協定（ＴＰＰ）に関する共同文書を発表する予定だと聞いています。

しかし、優先すべきは米軍普天間飛行場の閉鎖・撤去ではないでしょうか。今この瞬間にも、普天間飛行場周辺の市街地では住民が米軍機事故の危険性や騒音にさらされています。

私たちは普天間の無条件返還で沖縄問題を劇的に改善し、併せて国民が信頼する持続可能な日米関係の再生も急ぐべきだと考えます。

◆尊厳と郷土愛

本年1月、言語学者ノーム・チョムスキー氏ら欧米、豪州などの知識人が辺野古の新基地建設は「沖縄の軍事植民地状態を深化・拡大する取り決め」だと批判し、普天間の無条件返還を訴えました。声明は「沖縄の人々は米国独立宣言が糾弾する『権力の乱用や強奪』に苦しめられ続けている」と指摘し、県民の「平和と尊厳、人権と環境保護のための非暴力の闘い」を支持しました。心強く思います。

米国の建国理念を熟知するあなたは、独立宣言などに基づき辺野古移設に反対した識者声明の重みを銘記すべきです。

昨2013年末に仲井真弘多知事が辺野古移設容認に転じましたが、大半の県民は党派を超えて普天間の閉鎖・撤去を求めています。結束の根底にあるのは特定のイデオロギーではなく、自由と民主主義、基本的人権の尊重という普遍的価値観であり、これ以上、沖縄の尊厳を、貴重な沖縄の自然を傷つけさせまいという、郷土愛にほかなりません。

大統領、あなたは沖縄の民主主義を軽んじていませんか。

日米両政府が県内移設条件付きの普天間飛行場の全面返還に合意して18年がたちましたが、全県的な世論調査で辺野古移設賛成が県民の過半数を占めたことはありません。本年1月には県議会や県内41市町村の全首長、議長ら県民代表が普天間の閉鎖・撤去と県内移設断念を求め、事故の絶えない米海兵隊輸送機オスプレイの県内配備中止を安倍首相に要望しました。米国内の州で全自治体の首長が基地の州内移設や新設に反対したら、あなたはそれを強行できないでしょう。

◆人権侵害の移転

普天間飛行場は沖縄戦のさなか、米軍が本土攻撃に備えて住民の土地を同意なしに占拠したものです。このため普天間飛行場の存在自体が、戦時の財産奪取を禁ずるハーグ陸戦条約（戦時国際法）への違反の疑念を拭えません。普天間飛行場は米国の航空法上安全確保のために義務付けられているクリアゾーンが設定されていません。これは重大な人権問題だと自覚すべきです。

危険な状況に、オスプレイ配備や騒音被害が拍車をかけています。県民の目には、普天間固定化は人権侵害の固定化と、辺野古移設は人権侵害の移転と映るのです。

１９６６年の国際人権規約第1条は「すべての人民は自決の権利を有する」と記しています。県民にも沖縄に関わる重要決定を自ら決める自己決定権があると理解できます。

沖縄道州制懇話会（事務局・沖縄経済同友会）が２００９年にまとめた沖縄を「特例型単独州」とする提言でも、「主権を有する住民は、主権を住民のために代行する新たな政府を作り出す自己決定権を有し、その権利に基づいて地方政府を設置することができる」とうたっています。悲惨な沖縄戦や戦後の過酷な米軍統治も踏まえつつ、自己決定権の回復を望む県民世論が高まっているのです。

大統領、あなたは辺野古移設で沖縄の尊厳を毀損《きそん》し、日米の民主主義を死滅させるような過ちを犯してはなりません。

■2014年5月4日
※憲法世論調査―解釈変更拒否は明白だ

安倍晋三首相が目指す集団的自衛権行使を容認する憲法解釈変更について「変更すべきだと思わない」が59・5％を占めた。琉球新報社が憲法記念日を前に実施した県民世論調査の結果だ。「変更すべきだ」は30・8％にとどまった。

共同通信が4月に実施した全国世論調査でも、憲法解釈変更に「反対」が52・1％、「賛成」が38・0％だった。

現行の平和憲法を根底から破壊しかねない解釈変更について、県民、国民世論の過半数が反対している現実は極めて重い。

集団的自衛権とは、自国が攻撃されていなくても同盟国などが攻撃されている時に反撃する権利を指す。日本が海外で米国の戦争に巻き込まれるだけでなく、米艦艇を護衛しただけで日本の国土が攻撃される可能性も指摘される。

安倍政権が50％超の高い支持率を維持しながら、県民や国民に憲法解釈変更に根強い反対意見があるのは、集団的自衛権が内包する危うさへの理解が進んでいるのだろう。国民のバランス感覚を評価したい。

県民世論調査では、戦争放棄と戦力不保持を定めた憲法9条について「堅持すべきだ」が60・9％を占めた。見直しに賛成する意見でも「戦争放棄の1項は維持、戦力不保持の2項は変えるべきだ」が27・5％で、「変えて軍事力を持つべきだ」はわずか7・0％にとどまった。不戦を誓う県民が9割近くに達していることは特筆すべきだろう。過酷で悲惨な沖縄戦の記憶や、戦後69年近くを経てもなお、過重な基地負担を押し付けられている沖縄の実態と決して無縁ではあるまい。朝鮮半島、ベトナム、イラク、アフガニスタン……。沖縄はある意味で米軍を通して戦争に直結しているからだろう。

憲法改正については「現状のままでよい」66・1％、「変えた方がよい」27・8％だった。調査手法は異なるが、琉球新報の2005年調査では、改正を求めるが52％、現状のままでよいは41・8％だった。評価が入れ替わった意味は極めて重い。

この間、基地問題をめぐる民主党政権の迷走や自民党安倍政権の高圧的な姿勢など、沖縄に対する差別的かつ理不尽な対応が顕在化していることも一つの要因だろう。安倍首相は、憲法の基本理念である国民主権、平和主義、基本的人権の尊重の重みをかみしめ、政権運営の根幹に据えるべきだ。

■2014年5月5日

※普天間移設世論―国策の犠牲を強要するな

米軍普天間飛行場返還問題で県民の73・6％が今なお、辺野古移設に反対している。琉球新報社が4月下旬に実施した県民世論調査の結果、分かった。

２０１３年末に仲井真弘多知事が政府の名護市辺野古沿岸埋め立て申請を承認した直後の世論調査では、県外・国外移設、無条件閉鎖・撤去が計73・5％を占めていたが、今回の調査も同じ傾向を示した。

日米が正真正銘の民主主義国家だと自認するのなら、民意の支持なき辺野古移設合意を撤回し、直ちに普天間の閉鎖・撤去、県外・国外移設への道を探るべきである。

２０１２年5月に琉球新報社などが実施した電話世論調査では、辺野古移設反対は約9割に達していた。それは、09年衆院選で普天間移設は「最低でも県外」と公約した民主党が、政権奪取後の10年5月に辺野古に回帰したことへの県民の反発を反映していた。その後も、辺野古移設反対の世論は7～9割台で高止まりしている。

ただ県内の政治状況は混沌としている。２０１３年秋以降、普天間「県外移設」を選挙公約に掲げていた自民党の県関係国会議員や県連が日米合意の辺野古移設に転じ、知事も「5年以内の運用停止」などを条件に「県外移設」公約をほごにして辺野古容認に舵を切ったからだ。

しかし辺野古移設を拒む民意の根深さを軽く見てはならない。

沖縄は沖縄戦で本土防衛の「捨て石」にされ、多くの尊い命を失った。戦後は過酷な軍事植民地政策によって命と人権を脅かされ、今は在日米軍専用施設の74％を背負わされている。多くの県民はこうした悲劇や人権蹂躙、過重負担の強要が沖縄への構造的差別だと理解している。だからこそ次代の負の遺産となりかねない辺野古移設を拒んでいるのだ。

歴代知事は沖縄が日本とアジアの架け橋として、この国の発展に非軍事面で貢献できると繰り返し発信してきた。県民が東アジアの中心にあって、人・物・情報が行き交う「平和の島」への転換を追求することは許されないのか。

繰り返すが、県民の7～8割が辺野古移設を拒絶することの重みをかみしめるときだ。県民にも沖縄の未来を自ら切り開く自治権、自己決定権がある。もう国策の犠牲を沖縄だけに押しつけるのはやめてほしい。日米はこうした疑問に正面から答えるべきだ。

■2014年5月24日
※名護漁協に36億円―恵みの海を金で汚すのか

米軍普天間飛行場の名護市辺野古移設計画で、沖縄防衛局が海域の埋め立てに伴う漁業補償金として名護漁業協同組合に約36億円を支払うとした契約を結んだ。防衛局は当初、24億円を提示したが、漁協側が強く難色を示したため、5割増しで合意したようだ。

同局の武田博史局長は「内容については差し控える」として契約額を明らかにしていない。どのような積算根拠で当初額より5割増しとなったのか。国民の血税を扱っている以上、説明責任を果たすべきだ。

武田局長は、名護漁協の漁獲量、漁獲高、平年の純収益額などに基づいて漁業補償に関する決められた算定方法にのっとり、積み上げたと説明した。そうであるならば、当初提示した24億円は算定方法が間違っていたというのか。全くでたらめな説明だ。

4月の時点まで防衛局は24億円での締結を漁協側に迫っていた。しかし漁協が防衛局を飛び越えて本省に上積みを要求したため「なるべく工期を短縮したい」との姿勢を示す小野寺五典防衛相が最終的に増額を了承した。政府関係者は増額したことについて「埋め立てが進むなら安いものだ」と話している。漁協を懐柔するため、積算根拠がない「つかみ金」として5割増しまで積み上げたのが真相ではないか。普天間移設を実現するためなら、幾らでも札束をばらまくのか。もしそうであるなら会計検査院もなめられたものだ。

防衛局は２０１３年３月、名護漁協が辺野古移設に関する公有水面埋め立て申請に同意した総会についても、会場借り上げ費用とバスのレンタル料を支払っていた。漁業者は先人から受け継がれてきた恵みの海を手放すのか。

防衛局が22日に公表した米軍キャンプ・シュワブ水域生物等調査報告書によると、埋め立て予定地では絶滅危惧種ジュゴンが好むアマモなどが低密度で広がる海草藻場と食み跡が確認されている。15日間の調査で延べ17頭のジュゴンが嘉陽《かよう》、大浦湾、古宇利《こうり》島付近で確認されている。

環境省の有識者会議は生物学や生態学の観点から選んだ「重要海域」に辺野古沖を指定している。生物多様性に富む辺野古の海は人類の宝であり、政府も漁業者も目先の利益にとらわれて、これを破壊してはならない。移設計画こそ断念すべきだ。

■2014年6月19日
※高江訴訟上告棄却――罪深き最高裁の政府追従

沖縄の基地問題だけではなく、日本の民主主義全体にとってもあまりに罪深い司法判断だ。

米軍北部訓練場の一部返還に伴う東村高江《ひがしそんたかえ》でのヘリコプター着陸帯（ヘリパッド）の建設現場で反対運動を続ける住民に対し、沖縄防衛局が通行妨害禁止を求めた訴訟で、最高裁第2小法廷が住民側の上告を棄却した。「国の通路使用を物理的方法で妨害してはならない」と命じた住民敗訴の判決が確定した。国や大企業が住民運動などを萎縮させる狙いから起こす「スラップ訴訟（恫喝《どうかつ》訴訟）」としても、全国的に注目されていた裁判だ。

住民側は、多くの住民が反対するヘリパッド建設に対する意思表示、抗議行動は憲法が保障する表現の自由に当たると主張して、訴権の乱用と不当性を訴えた。

しかし、最高裁は上告棄却について、詳細な理由も示さないまま憲法違反などの上告事由に該当しないとした。上告受理申し立ての不受理決定も同様に、具体的な判断理由は示していない。あまりに空疎で機械的だ。「憲法の番人」「人権の砦」としての使命を自ら放棄したに等しい。

控訴審判決では、住民の「通行妨害」を「国が受忍すべき限度を超えている」としたが、具体的な基準などは示さなかった。最高裁もそれを踏襲したと言えよう。

しかし、本来「受忍限度」は爆音訴訟などで住民側が使用する表現だ。立憲主義、国民主権の理念に照らせば、国家の「受忍限度」を持ち出して人権の訴えを退けるのは主客転倒もはなはだしい。

国に追従する司法の姿勢が社会に及ぼす影響は小さくない。お墨付きをもらったとして、国が米軍普天間飛行場の名護市辺野古移設の反対運動に対しても、同様の訴訟を起こす可能性も否定できない。

基地問題だけでなく、個人の表現活動や住民運動なども抑え込み、人権や民主主義よりも国や大企業など強者の論理、施策を優先する風潮が強まりかねない。

特定秘密保護法も年内施行の見込みだ。国民の言論や表現活動を萎縮させ民主主義を形骸化させる動きに、司法までもが追従、加担するならば、もはや暗黒社会というほかない。

とはいえ、人権や民主主義を守る取り組みに終わりはない。敗訴が確定した住民らも「今まで通り」と運動継続を誓った。言論機関としてもあらためて肝に銘じたい。

■2014年7月3日
※辺野古着工――強行は構造的差別だ

沖縄防衛局は7月1日朝、名護市辺野古のキャンプ・シュワブ内で普天間飛行場代替施設建設事業の工事に着手した。前日、環境影響評価条例に基づく事業の工事着手届出書を県に提出している。

琉球新報が4月下旬に実施した県民世論調査では73・6％が辺野古移設に反対だ。県民の大多数が「ノー」と意思表示している。こうした中で工事が強行された。

稲嶺進名護市長も移設反対を明確に表明している。地元の民意を踏みにじって工事を強行する政府の姿勢を見ると、果たして日本は民主主義国家と言えるのかと思わずにいられない。

◆銃剣とブルドーザー

米軍は1953年以降、土地収用令を根拠に「銃剣とブルドーザー」で住民を追い出し、家屋を次々となぎ倒し、土地を強制接収して基地を拡大した。今回の着工は、民意無視という意味では60年前の蛮行とうり二つだ。米軍の施政権下での圧政と同じ強権発動が民主国家で起きている。

新潟県の旧巻町では国策の電源開発基本計画の一環で進められていた原子力発電所の建設計画が中止に追い込まれた。住民投票で建設反対が6割を占め、建設反対派の町長が当選を繰り返したからだ。地元の合意が得られなかったことが計画断念の最大の理由である。

名護市も1997年に市民投票が実施され、基地受け入れ反対が半数を超えた。建設反対を公約に掲げた稲嶺氏は既に2回当選している。旧巻町と同じく、地元の合意は得られていない。それなのに基地建設は強行される。政府は沖縄と県外で二重基準を適用している。明らかな差別だ。

安倍晋三首相はこれまで「地元に丁寧に説明し、理解を求めながら進める」と繰り返し述べている。だが実際に取っている手法は正反対だ。1月に稲嶺氏が名護市長に当選した後、首相も外務、防衛の担当閣僚も市長を1度も訪ねていない。ケネディ駐日米大使が就任3カ月後に会談したのと対象的だ。日本政府は「丁寧に説明」どころか、対話の機会すら設けていないではないか。

さらに政府は、海底ボーリング調査に向け、海上保安庁の船舶や人員を沖縄に派遣して周辺海域の警備に当たらせるという。シュワブ沿岸では立ち入りを常時禁止する水域を拡大した。刑事特別法を適用し、住民らの海上抗議行動を排除するのが目的だ。反対の意思表示に対しては力で封じ込める。これを「理解を求める」と称するのか。

◆世界に広がる反対

平和学の第一人者であるヨハン・ガルトゥング氏は、単に戦争がない状態を「消極的平和」と規定する。人々や社会の安全を脅かす抑圧や差別などの不正義を「構造的暴力」と称し、それがない状態を「積極的平和」と呼ぶ。

同氏は、基地の過重負担を強いられる沖縄について「構造的暴力の下に置かれている」と指摘した。移設工事の強行はまさに「構造的暴力」だ。それを実行する安倍首相が「積極的平和主義」と称するとは、倒錯そのものだ。

そのガルトゥング氏も名を連ねた海外識者による米軍普天間飛行場即時返還と辺野古新基地建設反対の声明には、1万1700人余が賛同の署名を寄せている。移設反対の声が世界に広がっていることを日米両政府は直視すべきだ。

工事の強行を可能にしたのは、2013年末に仲井真弘多知事が埋め立て申請を承認したためだ。それでいて仲井真知事は今も「県外移設の公約は捨てていない」とうそぶく。誰が見ても理解できない詭弁を続けるのは茶番でしかない。

環境省の有識者会議は日本の排他的経済水域（EEZ）内で生物学や生態学の観点から重要な場所を「重要海域」に選定した。辺野古沖も含まれる。この海を埋め立てるのは海の生物多様性を保全する国際的な流れにも逆行する。

この国が真の民主主義国なら、工事を即座に中止し、辺野古移設を断念するほか道はない。

■2014年7月29日

※島ぐるみ会議―尊厳回復へ再結集を

立場の違いを超える言葉が、これほど求められた大会もないだろう。7月27日の島ぐるみ会議結成大会

島ぐるみ会議結成大会で壇上に並ぶ発起人、共同代表ら（2014・7・27／宜野湾市民会館）

は人波であふれたが、参加者は登壇者のあいさつに聴き入った。中でも保守政界や経済界の登壇者のあいさつは静けさに包まれ、県民の再結集を呼び掛ける意見にはひときわ大きな拍手が上がった。

もう一度、県民の心を結集させたい。会場に共通していたのはそんな思いだ。「オール沖縄」再構築の必要性をあらためて自覚したい。

登壇者の金城徹那覇市議が述べたように、世論調査では今も県内移設反対が74％もあり、その中には自民党支持者も多い。辺野古反対は保革を超えた民意だ。

沖縄は全国のどこよりも米軍基地の被害を深く受けてきた。例えて言えば、原発被害の辛酸をなめた福島県で、県民の7割超が原発新設に反対する中、政府が原発建設を強行したりするだろうか。だが沖縄でならそれをしてもよい。政府は明らかにそう見なしている。誰が考えても差別であろう。

呉屋《ごや》守将《もりまさ》金秀《かねひで》グループ会長は「経済活動は大事だが、ウチナーンチュの尊厳、基本的人権、平和はもっと重要だ」と訴えた。ひときわ大きな拍手が起こったのは、会場の多くがその被差別認識を共有しているからだろう。

県内移設断念を求めて県内41市町村の全首長、全議長、県議らが署名した本年1月の「建白書」提出は戦後史に特筆される。「銃剣とブルドーザー」と称される米軍の軍用地強制接収・一括買い上げに抵抗した「島ぐるみ闘争」以来の、県民を挙げた運動だった。

仲井真弘多知事らの容認でその枠組みは崩れたが、仲里利信元県議会議長が鋭く指摘したように「沖縄で保革がけんかをして喜ぶのは日本政府と米国」だ。移設強行を止めるという民意を実現するためにも、県民の再結集が必要だ。

何も絶望することはない。民主主義と人道に照らせば、理は沖縄にある。沖縄が一つになって意思表示すれば、世界最強の米軍でさえ土地の買い上げを撤回した。「島ぐるみ」の効果は歴史で実証済みなのだ。差別を受けてもいいという人は世の中にいない。だから人としての尊厳ある扱いを求める沖縄の意思は不可逆的である。辺野古移設強行はそんな差別の象徴だ。理不尽な扱いの代償の重さを、日米両政府に思い知らせよう。

■2014年8月8日

※海上自衛隊艦出動—武力で県民を恫喝する野蛮

中世の専制君主国と見まがうありようだ。何という野蛮《やばん》な政府か。

米軍普天間飛行場の名護市辺野古への移設強行の前段である海底ボーリング調査に向け、政府が海上自衛隊の掃海母艦「ぶんご」の派遣を検討していることが分かった。移設反対派の市民を武力で恫喝《どうかつ》する狙いであるのは明らかだ。

政府は沖縄を、軍が市民を威嚇《いかく》してよい地域と見なすということだ。そんなことを実行してしまえば政府と沖縄が抜き差しならぬ対決局面に入ることを、安倍政権は知るべきだ。

「ぶんご」は前甲板に速射砲を持ち、重機関銃数丁を格納する。掃海母艦との名称はあるが、攻撃能力を見れば事実上、軍艦だ。

それに対し、移設反対の住民は暴動どころか破壊活動一つ行っていない。武器一つ持たず、非暴力に徹している人々だ。その〝丸腰〟の市民に軍艦を差し向けるという。市民を、交戦中の敵国の軍のように見なすということだ。

政府は機関砲なども装備する海上保安庁の巡視船も全国から総動員している。中立の第三者として不測の事態に備えただけの前回と異なり、海保も明らかに市民弾圧に転じている。それに加えて軍も出動する。安倍晋三首相は「地元に丁寧に説明し、理解を求める」と言うが、実態はこの強権ぶりだ。しらじらしいにも程がある。

「銃剣とブルドーザー」で無理やり土地を接収し、基地を造った米軍占領統治下と何が違うのか。

そもそも市民運動の抑圧に自衛艦を投入することに法的妥当性はあるのか。防衛関係者は「国の施策に資する場合、あらゆる事態に対応できる」という理屈を持ち出すが、それが許されるなら、どんな政策についても軍の出動が可能ということになる。

東村高江のヘリコプター着陸帯建設現場近くでも倒錯がまかり通る。県道の路側帯（歩行用）で阻止行動をする住民を排除するため、路側帯を米軍専用区域に変更するという。政府のやりたいことのために法的規定の方を変えるというわけだ。およそ法治国家とは思えない。

県道の路側帯を県民が通れない、車道に出て歩くよう求める。そんな県道が沖縄以外のどこにあるか。「琉球処分」の際、明治政府は官吏と軍人を差し向け、併合に反対する市民を逮捕、拷問《ごうもん》した。住民に軍を対峙させようとする今の政府の姿はそれと二重写しになる。

■2014年8月18日
※掘削作業に着手—もはや「恐怖政治」だ

住民を丸ごと、力ずくで屈服させようとする政府の意思が、これほどあらわになったことがあっただろうか。沖縄防衛局は、普天間基地移設に向け調査用の台船を名護市辺野古の海に設置し、海底掘削のための作業に着手した。確かに抵抗運動への弾圧は過去にも散見される。だが辺野古移設は県民の74%が反対する事案だ。一県の圧倒的多数の民意を踏みにじって強行した例が他にあるか。

百姓一揆弾圧を想起させるが、近代以降なら「琉球処分」と「軍官民共生共死」を強いた沖縄戦しかあるまい。沖縄にしか例がないなら構造的差別の表れに他ならない。国際的にも恥ずべき蛮行だ。

◆憲法の規定も無視

政府に歯向かう者なら、いくらけがをさせても構わない。一連の経過でむき出しになった住民への政府

掘削作業に抗議するカヌーに乗った市民と立ちはだかる海上保安官（2014・8・17／大浦湾）

の害意、敵視に暗然とする。

中でもそうした姿勢を露骨に示したのが海上保安庁だ。「安全確保のため」と説明しているが、噴飯物《ふんぱんもの》だ。８月15日にはカヌーで抗議する男性を羽交《はが》い締めにして強制排除しようとした際、眼鏡が壊れた男性は目の近くを切るけがをした。経緯はどうあれ「安全確保」の名目でけがが発生したのは皮肉と言うほかない。

政府は今回、法的根拠も不明のまま、立ち入り禁止海域を一方的に設けた。施政者による恣意《しい》的な住民の主権剥奪《はくだつ》は、お札《ふだ》一つで禁令を発した江戸時代そのままだ。

それでも足りず、今度は海保がその海域の外側でも、法的根拠も示さぬまま市民の身柄を拘束した。漁港を出港するだけで警告し、海域の外側に近づくことさえ大声で威嚇するありさまだ。憲法は、法定の手続きを経ずに何人も自由を奪われないと定めているが、海保はその令状主義も無視している。これでも法治国家か。

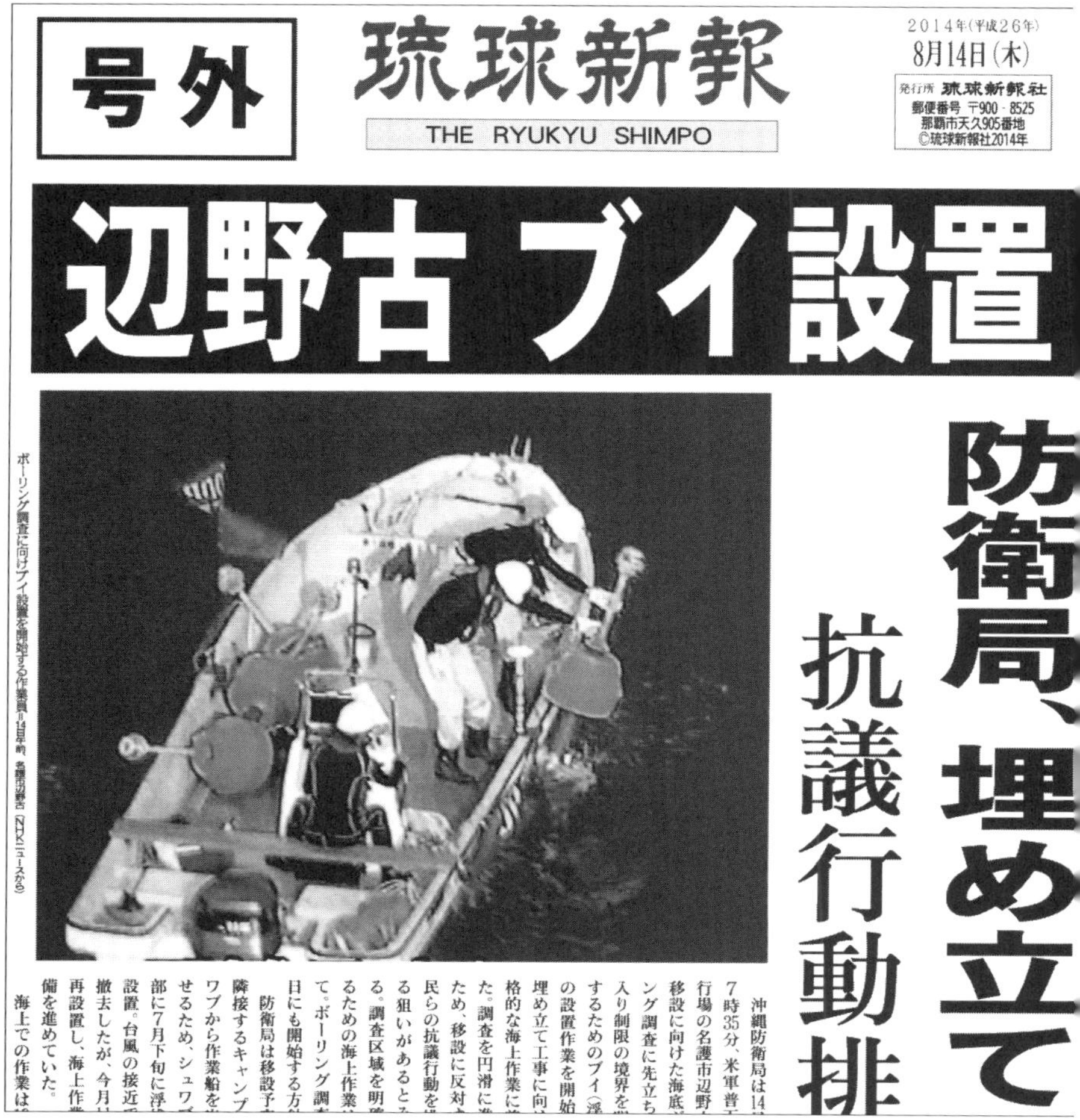

号外

琉球新報

THE RYUKYU SHIMPO

2014年（平成26年）
8月14日（木）

発行所 琉球新報社
郵便番号 〒900－8525
那覇市天久905番地
©琉球新報社2014年

辺野古 ブイ設置

防衛局、埋め立て

抗議行動排

ボーリング調査に向けブイ設置を開始する作業員＝14日早朝、名護市辺野古（NHKニュースから）

沖縄防衛局は14
7時35分、米軍普天
行場の名護市辺野古
移設に向けた海底
ング調査に先立ち
入り制限の境界を
するためのブイ（浮
の設置作業を開始
埋め立て工事に向け
格的な海上作業に
た。調査を円滑に進
ため、移設に反対す
民らの抗議行動を
る狙いがあるとみ
る。調査区域を明確
るための海上作業
て。ボーリング調査
日にも開始する方針
防衛局は移設予定
隣接するキャンプ
ワブから作業船を
せるため、シュワブ
部に7月下旬に浮
設置。台風の接近で
撤去したが、今月
再設置し、海上作業
備を進めていた。
海上での作業は

住民にけがをさせることもいとわず、法的根拠が疑わしい行為を平然となす。「海の無法者」はどちらなのか。海上保安庁は、今後は「米軍基地建設保安庁」に名を改めた方がいい。

第11管区海上保安本部が復帰後営々と努力し、かち得てきた県民の信頼を、この数日で台無しにした。海保はその現実を知るべきだ。

それにしても皮肉な構図である。世界

最強の米軍を、日本の「軍」を所管する防衛省が守る。その防衛局を警察や海保が守り、その外周に民間の警備員がいる。それらの住民との対立を、軍事利権にあずかる人々、すなわち外交・防衛官僚は高みの見物をしているのではないか。

◆「捨て石」に似た構図

安倍晋三首相は防衛官僚らに工事の遅れを詰問し、作業を早めるよう強く督促したという。首相に近い議員がかつて出した報告書がある。その中で英国が南米でのフォークランド紛争に踏み切り、陰りが見えていたサッチャー首相の支持率を急回復した経過を報告している。「遠隔地」での戦争でナショナリズムをあおり、求心力を高めた例を示唆しているのは間違いない。

安倍首相は今、本土にとって「遠隔地」の尖閣をめぐり、中国との紛争も辞さない構えを見せている。その紛争に米軍を引き込もうとして辺野古新基地建設に躍起となっているようにみえる。米国のご機嫌を取るために、沖縄住民の安全と沖縄の土地と美しい自然を差し出そうとする構図だ。

その構図は、「本土決戦」を先延ばしするために沖縄の全滅を強いた沖縄戦の「捨て石」作戦とうり二つではないか。

今回の作業で海上保安庁はメディアの取材の船が付近海域に近づくことも制限した。政府が知ってほしくない情報は、接近すら処罰しようとする特定秘密保護法の施行を先取りしている。安倍政権は「専制国家」からもはや「恐怖政治」へと進みつつあるようだ。

現状は仲井真弘多知事の埋め立て承認が招いた事態だが、知事選の公約に背いた承認に民主主義的正当性はない。日本が民主主義国であるなら直ちに作業を止め、11月の知事選で民意を問うべきだ。

▪2014年9月23日

※辺野古集会再び―民意の地殻変動に向き合え

1956年に米海兵隊基地キャンプ・シュワブの建設が始まって以来、隣接する名護市辺野古の美しい浜を基地建設に反対する人波が埋め尽くしたのは初めてだ。

沖縄戦後史に刻まれる県民行動となったことは間違いない。

米軍普天間飛行場の移設に伴う名護市辺野古への新基地建設に反対する2度目の集会が開かれ、目標の3千人を大幅に超える約5500人（主催者発表）が結集した。

登壇した弁士から「沖縄の尊厳と誇り」「アイデンティティー」といった言葉と不退転の決意が繰り出され、新基地建設の不条理を鋭く突いた。この日の集会の熱気は強固な県民世論を見せつけた。

安倍政権は沖縄の民意に真摯に向き合い、海上でのボーリング調査を直ちに中止すべきだ。

約50人が乗り込む大型バスが約70台も本島全域から集った。自家用車や徒歩で駆け付けた人も多く、参加者の列が開会後も途切れずに辺野古の浜に続いた。

中学の同期生有志ののぼりが揺れ、4世代で参加した家族連れ、模合《もあい》仲間など、主義主張を超えた幅広い世代の参加が目を引いた。幾重ものスクラムが組まれた「沖縄を返せ」の大合唱は壮観だった。

10年前の当初の埋め立て計画に伴うボーリング調査への反対行動に比べても、日々の集会に参加する市民層が広がり、カンパや差し入れも途切れずに続いている。

新基地建設への反対行動を取る市民層が明らかに広がり、沖縄の民意に地殻変動が起きているのだ。

総合 1版 （1968年2月2日第3種郵便物認可）

3 連載「道標求めて」
21 アジア大会、柔道中村金1号
30 沖縄三越 きょう閉店
30 しまくとぅば普及へ県民大会
告別式の案内 10 11

ニュースや情報提供 098(865)5158
広告のお申し込み (0120)415059
購読・配達の問い合わせ (0120)395069
本社事業案内 098(865)5256
読者相談室 098(865)5656

琉球新報
THE RYUKYU SHIMPO

第37963号
（日刊）
2014年（平成26年）
9月21日 日曜日
[旧8月28日・大安]
発行所 琉球新報社
〒900-8525那覇市天久905番地
電話 098(865)5111

5500人、断念訴え

新基地「許さず」

辺野古で県民集会 2回目

2、3、30、31面に関連、26面に写真特集

【辺野古問題取材班】米軍普天間飛行場（宜野湾市）の移設に伴う新基地建設に反対しようと、県内の市民団体などは20日午後、建設作業が進む名護市辺野古の浜で、県民集会「みんなで行こう、辺野古へ。止めよう新基地建設！9・20県民大行動」を開催した。8月23日に米軍キャンプ・シュワブのゲート前で開催の集会後、今回が2回目。前回の約3600人を上回る約5500人（主催者発表）が参加し、「平和を脅かす新基地、政府の横暴を許すな」と声を上げ、県内移設に反対する意思を示した。

実行委は「沖縄『建白書』を実現し未来を拓く島ぐるみ会議」、沖縄平和運動センター、県選出・出身野党国会議員でつくる「うりずんの会」と県議会野党4会派、県統一連、平和市民連絡会、ヘリ基地反対協議会で構成。

各団体の代表や名護市の稲嶺進市長、翁長雄志那覇市長、大学生らが登壇し、新基地建設の断念を政府に訴えた。今後も島ぐるみで建設阻止の行動を続けていくことを呼び掛けたスローガンや行動提起が採択された。

稲嶺名護市長は、県内外に反対運動が広がっていると強調し「豊かな海を守ることが県民の思いだ。辺野古（移設）を止め、ウチナーンチュのアイデンティティーを示そう」と訴えた。

沖縄平和運動センターの山城博治議長は、今後予定される新たなボーリング調査や、海上保安庁による市民運動への警備に触れ「断じてこのような無謀な工事を許さない。県民の力で必ず止めよう」と呼び掛けた。

実行委によると、大型バスは少なくとも67台が正午以降、続々と辺野古に到着。家族や友人、地域、職場などそれぞれの仲間と参加し、登壇者の発言に合わせて拍手を送った。

実行委は今後、沖縄防衛局が県に提出した埋め立て工法の変更申請を不承認するよう求め、県審査が終了するとみられる10月中をめどに県庁包囲行動を実施する予定。

新報小中学生新聞 りゅうPON！ 読んでね！
第168号 りゅうちゃん9歳祝う

先島 強風域に
台風16号 宮古、きょう昼にも

沖縄気象台によると、台風16号は20日午後9時現在、那覇から南西に約千キロ、与那国島から南西550キロの位置にあり、1時間におよそ15キロの速さで北に進んでいる。沖縄気象台によると、八重山地方では20日夜、宮古島地方では21日昼前にも15メートル以上の強風域に入る見込み。久米島地方でも21日の夜にも強風域に入る恐れがある。

台風の中心気圧は985ヘクトパスカル、中心付近の最大風速は23メートル、最大瞬間風速は35メートル。中心の半径東側560キロ以内と西側390キロ以内では風速15メートル以上の強い風が吹いている。このままの進路を保てば沖縄本島に接近する可能性は低い。

八重山地方は20日から6メートルを超える大しけで、宮古島地方は21日昼から6メートルを超える大しけとなる見込み。沖縄本島地方は21日に4メートルのしけになる恐れがある。

（6面に関連）

あすの新聞休みます テレビは16、17面

21日（日）は新聞製作を休み、22日（月）の新聞は休刊します。テレビ欄は16、17面に移しました。不便をお掛けしますが、ご了承ください。一部主要ニュースはインターネットの本紙ホームページでお伝えします。　琉球新報社

天気は3面に移しました

おことわり

台風16号の影響で21日付の新聞は一部地域で配達遅れや欠配が予想されます。ご了承ください。　琉球新報社

りゅうちゃんクイズ 158 スポーツ編

名桜大学の加藤あかり選手がある競技で県勢初の日本フル代表に選ばれたよ。何の競技かな？

①ラグビー
②ハンドボール
③バスケットボール

こたえはどこかのページにあるよ。さがしてね★

金口木舌

2014年9月21日

きょう21日
宮沢賢治忌。
然を慈しみ、自
犠牲を惜しまな
いという作品を生んだ
背景には母が
えた次の言葉
あったという。「人と
うものは、人のために
かしてあげるために生
れてきたのス」▼研究
によると、父が反発の
象だったのに対し、賢
にとっての母は安ら
場だったとされる。賢
が夢見た理想郷「イー
トーブ」はそんな優し
に包まれる世界だった
かも▼そうした母親像
対照的なのは現代の
が強そうな県」アンケ
トの結果（19日付30面
だ。圧倒的多数を占め
大阪と群馬のイメージ
「ヒョウ柄オカン」
「マシンガントーク」
「かかあ天下」▼5位
沖縄は「男性が穏やか
「女性が働き者」とい
のが理由だそう。確か
清明祭、旧盆などの年
行事では母や妻が働く
姿が思い浮かぶだけに
やか」は褒め言葉では
いかと疑いたくなる▼
出身バンド「かりゆ
58」の「アンマー」は
が明ける前から働き、
容力のある母親への感
を歌っている。聴く度
思うのは、沖縄の女性
「強そう」でなく頼れ
い男のため「強くなら
るを得ない」のではな
かということ▼いつも
性に頼ってばかりでは
られない。賢治の母が
えたように男女に支え合
ず、人が共に支え合う
会こそが「イーハト
ブ」に近づく一歩では
いか。まずは全ての女

辺野古浜で開かれた「止めよう新基地建設！ 9・20 県民大行動」。子どもたちもプラカードで新基地建設反対の意思を示す（2014・9・20）

辺野古でのボーリング調査の強行、反対する市民を力ずくで排除し続けている海上保安庁の警備が県民の反発を強めている。さらに、仲井真弘多知事による埋め立て承認を挙げて「辺野古は過去の問題」と言い放ち、11月の県知事選の争点外しに躍起となっている菅義偉官房長官らの民意無視の姿勢が反発の火に油を注いでいる。

一部の在京メディアや辺野古移設を推進する永田町・霞が関の政治家や官僚から「反対行動をとっているのは県外のプロ市民だ」などと、事実をねじ曲げた印象操作が繰り出されている。この日の辺野古の光景はこうした見方が誤りであることを証明していた。

辺野古移設の是非は県知事選の明白な争点である。日本は民主主義国家として機能しているのか。沖縄はそれを厳しく問い続ける。

■2014年10月27日

※辺野古工事変更―アセス制度否定に等しい

無理に無理を重ね、法の趣旨を逸脱してまで新たな基地の建設を急ぐ姿勢が露骨に表れている。

米軍普天間飛行場の名護市辺野古への移設計画をめぐり、沖縄防衛局が県に申請している工事の設計概要の変更で、重大な事実が明らかになった。

名護市辺野古のキャンプ・シュワブ内にある美謝《みじゃ》川の河口が埋め立てに伴って地下水路に切り替えられるが、その区域が当初計画の240メートルから1022メートルに延びた。

地下に水路（暗渠《あんきょ》）を築く距離は4倍以上になっており、環境への負荷が高まるのは確実だ。

これだけ大きな変更は全く別物の計画と捉えていいだろう。法手続き上も、環境保護の観点からも問題が多過ぎる。

環境アセスメント学会の重鎮である桜井国俊沖縄大名誉教授は「今までの環境影響評価（アセス）は全く無効になる」と批判する。

防衛局の変更申請には、新基地建設に反対する名護市に管理権がある地区を避けて工事を急ぐ「名護市外し」のいびつな政治的側面も照らし出されている。

さらに、魚類に詳しい琉球大理学部の立原一憲准教授は、淡水の美謝川と大浦湾を行き来する両側回遊魚が河川を上らなくなる可能性が高まり、魚種や個体数の減少は不可避と指摘している。

要するに魚が生きられなくなるということである。

「後出しじゃんけん」と指摘せざるを得ない大幅な計画変更は、最低限の民主的手続きを踏まえず、科学性を欠いている。環境アセスをやり直さないのであれば、アセス制度を否定するに等しい。

防衛局の環境アセス評価書で示した当初案は、6案の中で地下水路が最短で、環境への負荷が「最も少ない」とされていた。それでも県は「自然豊かな多様性の創出が十分できるとは言い難い」として再検討するよう求めていた。

にもかかわらず、今回、沖縄防衛局は地下水路の大幅延長という挙に出た。美謝川河口沖合の藻場《もば》、サンゴ礁に連なる豊かな生態系の保全への懸念も強まっている。

仲井真弘多知事による埋め立て承認の判断は下されていても、県は環境への負荷が強まる変更申請に対して厳しく臨むべきだ。科学性を十分に担保した審査を尽くし、県民が納得する判断を示してもらいたい。

■2014年10月30日

※知事選告示―揺るがぬ公約の実現を

2014年最大の政治決戦となる11月16日投開票の県知事選がきょう告示される。

米軍普天間飛行場の名護市辺野古移設の是非が最大の争点であり、沖縄社会にさまざまな影響を与えてきた基地問題の行方を大きく左右する知事選と位置付けられよう。それはすなわち、沖縄の将来像をも決定付ける歴史的な分岐点となることを意味する。

これから17日間にわたって激しい選挙戦が繰り広げられるが、私たち県民一人ひとりは、立候補者それぞれの政策や主張に目を凝らし耳を澄ます必要がある。各候補者をしっかりと見極め、貴重な1票を行使したい。

◆異例の分裂選挙

現職で3選を目指す仲井真弘多《なかいまひろかず》氏（75歳）、前那覇市長の翁長雄志《おながたけし》氏（64歳）、元郵政民営化担当相の下《しも》地《じ》幹郎《みきお》氏（53歳）、元参院議員の喜納《きな》昌吉《しょうきち》氏（66歳）の有力4氏が既に告示前に公約を発表するなど、事実上の選挙戦に突入している。

普天間移設問題をはじめ、経済振興策、子育て・教育や医療・福祉、まちづくりや行財政改革などの主要政策で各氏の主張の違いが鮮明になっている。各陣営は、有権者がそれぞれの政策を徹底的に吟味できるよう懇切丁寧な説明を心掛け、政策論争に徹してほしい。

とりわけ辺野古移設問題は、日本の民主主義や人権の在り方を根底から問い直す状況に直面している。２０１４年1月の名護市長選では移設に反対する稲嶺進氏が再選を果たしたが、安倍政権は辺野古移設方針を堅持し、海底掘削調査や本体工事の入札公告に着手するなど既成事実化を推し進めている。

これまでの知事選は、保守と革新が対決する構図が復帰後長く続いていたが、今回初めて「保守分裂」選挙となる。また、公明党県本部は１９９８年以来、16年ぶりに知事選での自主投票に踏み切った。従来の保守系地盤でも辺野古移設問題への対応は割れている。選挙戦最大の争点となるゆえんである。

辺野古移設の是非について、4氏の主張は明確だ。仲井真氏が「危険性除去が最優先」とし移設を推進するのに対し、自民党県連幹事長も務めた翁長氏は「県内移設断念」を掲げて埋め立て承認の取り消しや撤回も検討と打ち出す。下地氏は県民投票の結果に従うとするほか、喜納氏は承認取り消しと嘉手納基地暫定統合に言及している。

前回2010年の知事選では、保革両候補が普天間飛行場の県外移設方針を打ち出し、争点にならなかった。しかしながら今回は、各氏のスタンスの違いは明確だ。選挙戦を通じて基地問題をめぐる論争を深掘りし、より正確な判断材料を有権者に提供してほしい。

◆山積する課題

県民世論を二分するカジノ導入についても、各氏の立場は異なる。仲井真氏が「県民合意を得る」、喜納氏は「富裕層限定」などを条件に賛成するほか、翁長氏は県民生活への影響に懸念し反対、下地氏は県民議論を深めて判断―としている。豊かな自然景観や特異な歴史文化を背景に誘客を伸ばしてきた沖縄観光の理念や今後の在り方を見詰め直す機会ともなる。各氏の主張をじっくり吟味したい。

沖縄の未来を担う子どもたちの教育や子育て支援策についても各氏は力点を置く。いずれも子ども医療費助成の拡充策を公約上位に掲げるが、無料化対象の拡充幅に違いがある。行財政改革やまちづくりの分野でも各氏は独自色を打ち出し政策に濃淡がある。こうした山積する課題についても、しっかりと議論を深めてもらいたい。

県政、国政を問わず公約の重さが問われて久しい。前回の県知事選以降、基地問題をめぐる公約をほごにする事態が相次ぎ、有権者の深刻な政治不信を招いた。一方、県民の耳に聞き心地が良くても、財政の裏付けのない大風呂敷を広げるだけでは最終的に迷惑を被るのは県民だ。揺るがぬ公約と実現性が何よりも問われている。

■2014年11月17日

※新知事に翁長氏—尊厳回復に歴史的意義

新たな基地は造らせないとの民意は揺るがない。県知事選で、そのことがあらためて証明された。米軍普天間飛行場の名護市辺野古への移設反対を掲げた前那覇市長の翁長雄志氏（64歳）が、政府と共に移設を進める現職の仲井真弘多氏（75歳）らを破り初当選した。

約10万票の大差は、県民が「沖縄のことは沖縄が決める」との自己決定権を行使し、辺野古移設拒否を政府に突き付けたことを意味する。

翁長氏には、政府の強硬姿勢を突き崩して移設問題など基地問題に終止符を打つことに全力で取り組むことを期待したい。

◆民意尊重は当然

在日米軍専用施設の74％が集中する沖縄に新たな米軍基地の強権的な押し付けを認めることは、県民自ら尊厳を否定するに等しい。今知事選は１９６８年の主席公選を勝ち取った住民運動同様に、沖縄の尊厳と誇りを回復できるかも問われた。

仲井真知事の辺野古移設工事埋め立て承認で、沖縄の尊厳と誇りを傷つけられたと感じた県民は少なくない。保守分裂選挙となったことがそれを物語っている。失われかけた尊厳を県民自らの意志で取り戻した選択は歴史的にも大きな意義を持つ。

琉球新報
THE RYUKYU SHIMPO
第38018号
2014年（平成26年）11月17日

新知事に翁長氏

仲井真氏に10万票差

辺野古反対 支持集める

那覇市長 初の女性 最

県都の未来 2014那覇市長選

県知事選開票結果（選管最終）		
当 翁長 雄志	無所属・新	360,820票
仲井真 弘多（自民、次世代推薦）	無所属・現	261,076票
下地 幹郎	無所属・新	69,447票
喜納 昌吉	無所属・新	7,821票

那覇市長選開票結果（選管最終）		
当 城間 幹子	無所属・新	101,052票
与世田 兼稔（自民、公明推薦）	無所属・新	57,768票

一方、政府は選挙結果にかかわらず、辺野古移設を進めると明言しているが、民主主義国家として許されない。埋め立て承認で地元の了解が得られたと受け止めているようだが、それも間違いだ。

仲井真知事は前回知事選で県外移設を訴えて当選した。県民は辺野古移設推進にその後転じた仲井真知事を支持したわけではない。つまり地元の大半は了解などしていないのである。

政府は辺野古移設の是非を最大の争点とした知事選で示された民意を真

摯に受け止め、辺野古移設を断念すべきだ。それこそが安倍政権の言う「沖縄に寄り添う」ことを具現化することになる。

米政府も民主主義に立脚すれば、民意の重みを無視できないはずだ。

本年1月の名護市長選では移設阻止を掲げた稲嶺進市長が再選された。にもかかわらず、政府は移設工事を強行着手した。新基地建設工事を既成事実化し、県民に無力感を植え付けることを狙ったことは明らかである。

だが、県民がなえることはなかった。新基地建設反対の意志をさらに強固なものにするきっかけにもなった。多くの県民が基地の県内たらい回し拒否に票を投じたことが何よりの証しだ。

◆県民支援が必要

東村高江では住民の反対を無視し、新たな米軍ヘリパッドの建設計画が進められている。翁長氏はオスプレイ配備に反対する立場からヘリパッド建設に反対している。建設断念に追い込んでほしい。

県内全41市町村長が署名した「建白書」の求めるオスプレイ配備撤回の実現にも知事として力を注いでもらいたい。

基地問題の解決はこれからが正念場である。

辺野古移設など米軍基地の過重負担を強いる政府の厚い壁を突き破るためには、県民世論の後押しが欠かせない。「建白書」の精神に立ち返り、さらに幅広いオール沖縄で基地問題解決を訴え、翁長氏を支援する態勢の再構築も求められる。

基地問題以外にも解決しなければならない課題は多い。

翁長氏はアジア経済戦略構想の策定による自立経済の発展や正規雇用の拡大、4年後までの認可保育所の待機児童ゼロ、子ども医療費の無償化などさまざまな施策を通して県民生活を豊かにすることを打ち出している。

那覇市長を14年務めた翁長氏の行政手腕、さらには那覇市議と県議で培った政治力、行動力を生かし、公約を実現するよう期待したい。県民は平和と豊かさの実感を望んでいる。県民の負託に応え、沖縄の将来も見据え、リーダーシップを発揮してほしい。

■2014年11月18日

※那覇市長に城間氏―県都でも民意が動いた

保革を超えて、自らの未来を決める権利の行使を希求する民意の分厚さは、県都・那覇市でも鮮明に示された。

16日に投開票された那覇市長選挙は、前副市長の城間幹子《しろまみきこ》氏（63歳）が初当選を果たした。知事選で初当選した前市長の翁長雄志氏（64歳）の後継として立候補した城間氏は、過去最多となる10万1千票余を獲得した。

自民、公明などが推した前副知事の与世田兼稔《よせだかねとし》氏（64歳）に4万3千票余の大差をつけ圧勝した。県知事選挙と那覇市長選のダブル選挙が沖縄の民意の地殻変動を歴史に刻んだことは間違いない。

◆基本姿勢を貫け

城間氏は本紙のインタビューで「政治は民のためにある」「常に人に寄り添う姿勢は変えない」と抱負を語った。この基本姿勢を貫き、待機児童解消、少人数学級の普及など重点として掲げた政策を着実に実行して市民生活の向上に尽くしてほしい。

行財政改革など県都に山積する課題に果敢に取り組み、女性の地位向上、社会進出にも指導力を発揮することを要望したい。

城間氏は翁長氏とのセット戦術で選挙戦を駆け抜けた。「初の女性市長誕生」をアピールし、男女双方、各年代層から幅広い支持を集めた。

城間氏は最大の争点に、米軍普天間飛行場の名護市辺野古移設の是非を挙げていた。知事選候補の翁長氏と連携し、県民の大多数の世論を挙げて移設反対を前面に打ち出す戦術を取った。

琉球新報と共同通信による那覇市の期日前投票の出口調査（サンプル数約１７００）によると、投票に際して普天間飛行場の返還・移設問題を重視した人が約６割を占め、そのうち75％が城間氏に投票していた。

保守、革新の伝統的な対立構図が息づいてきた過去の那覇市長選の構図と異なり、城間氏の支持母体は那覇市で主流の保守層と革新が手を携えた。城間氏は基地問題が移設先だけの問題ではなく、全県民が向き合わねばならない課題であることを有権者に認識させることに貢献した。

県都のリーダーは県市長会などで要職を担うことが多いだけに対政府、そして県内外に向けて沖縄の実情とその解決方法を発信せねばならない。翁長氏と連携し、その重い役割を果たしてほしい。

城間氏は中学校長を務めた後、香港日本人学校長に赴任し、視野を広げた。30年余の教職経験と市教育長、副市長を担った経験を生かしたきめ細かい施策が浸透した。

◆待ったなしの課題

城間氏は「政策の一丁目一番地は待機児童の解消」と強調している。市の待機児童数は4年連続で400人を超え、待ったなしの課題となっている。幼稚園児が放課後に児童クラブ（学童）が利用できなくなる沖縄特有の問題も横たわっている。

わずか3年で全国最多の待機児童数を「ゼロ」にした横浜市など、県内外の先進事例も参考にしながら、那覇市の実情に合った解決策を講じ、保育をめぐる不平等を一刻も早く解消すべきだ。子どもの健やかな成長が保障されてこそ、地域の明るい未来も開ける。

国際通りなどの中心市街地の活性化には不断の取り組みが求められる。地元客を呼び込む魅力の創出と定住人口の増加は活性化の両輪だろう。市民会館移設や農連市場再開発などの施設整備と誘客の知恵の両面から実効性ある対策を打ち出す必要がある。

独居高齢者の見守り態勢の充実、生活困窮世帯への支援など、生活弱者への手厚い対応も避けて通れない。

那覇市は権限が強まった中核市に移行して2年目を迎えた。情報を共有し、市民自ら街づくりに参画する意識を高めることが那覇市を輝かせる基盤となる。翁長市政の継承にとどまらず、城間カラーをしっかり発揮して那覇の未来像を紡ぎ出すことを望みたい。

■2014年12月2日

※衆院選公示―憲法改正、正面から問え

第47回衆院選が2日公示される。12月14日の投開票だ。

2009年の政権交代、12年の自民党による政権奪還をわれわれは経験した。その成果と不首尾を総括すべきときだ。だが前2回に比べ有権者の関心が薄いと懸念されている。政治家が公約をほごにし、公約にないことを実行したことで、政治との距離が増したのではないか。

公約を基に投票先を選び、政権党はその公約を守り、有権者が選択した未来を実現する。それで初めて国民は主権を実感するのだ。本来の主権者たる国民の手に政治を取り戻すため、候補者には公約の明示と実行の確約を求めたい。

◆4年の猶予

今回の選挙で真っ先に問われるべきは憲法改正の是非、なかんずく9条改正の是非である。

この総選挙で自民党が勝利すれば、来秋の同党総裁選で安倍晋三首相が再選されるのは確実だ。総裁の任期は3年で、任期が切れるのは2018年秋だ。今から4年の猶予がある。安倍氏の宿願は祖父の岸信介氏もできなかった憲法改正と聞く。就任2年で集団的自衛権行使容認の解釈改憲を実行した首相のことだ。4年もあれば確実に憲法改正を実行するだろう。

憲法改正は国の根幹の変更である。それなら最優先で争点にすべきだ。首相は、任期中に改憲を提起す

る可能性があるなら、その条項を具体的に明示し、国民の審判を仰ぐべきだ。あいまいなままで選挙を終え、「信を得た」として改憲に至るのは許されない。

前回総選挙で自民党は憲法改正を掲げたとはいえ、公約に「集団的自衛権行使容認」の文字は無かった。解釈改憲もまた「国のかたち」を根底から変えるものだ。本来なら今夏の閣議決定の際に解散し、信を問うべきだった。

とはいえ、その関連法案の整備はこれからで、来年の通常国会で審議されるはずだ。それならこの選挙でその是非を論ずべきだ。

アベノミクスの成否について各党の見解は分かれる。確かに雇用総数は増えたが、増えたのは主に非正規だ。株価も上がったが、有価証券を持つ世帯は17％にすぎず、恩恵にあずかるのは一部だ。デフレ脱却は実現しつつあり、賃金も上昇した。だが物価上昇率は賃金上昇率を上回っており、実質所得はマイナスである。

解雇しやすくする特区の新設や「残業代ゼロ法案」（日本型新裁量労働制）も取り沙汰されている。今後4年で上程されそうなこれらについても議論すべきだ。

原発再稼働の問題も忘れてはならない。各党は堂々と論戦し、その是非を正面から問うてほしい。

◆構造的差別

各党に何より問いたいのは、沖縄に米軍基地の過重負担を押し付け、犠牲を強要する「構造的差別」を、今後も続けるか否かだ。

今回の唐突な解散は女性閣僚起用の失敗が要因と評されるが、沖縄知事選での自民党敗北を覆い隠す趣も感じられる。だが沖縄の民意を正面から受け止めるべきだ。

ことは米軍普天間飛行場の辺野古移設の是非にとどまらない。移設を容認した知事は現職としては前代未聞の大差で惨敗した。地元の市長も新知事も明確に反対を掲げて当選した。民主主義的手続きで示されたこの圧倒的民意を政府が無残に踏みにじるのなら、まさに「構造的差別」に他ならない。

いや差別ではない、と言うかもしれない。だが例えば、この県に原発が既に数基あるからといって、知事も市長も明確に反対しているのに、政府が原発建設を強行できる所があるだろうか。

問われているのは、日本が一地域を差別して恥じない国であるのか、民主主義を重んじる国であるのか、という根本なのである。

自民党だけではない。知事選を経てもなお、辺野古移設を意味する「日米合意推進」を掲げる党が何と多いことか。各党は論戦を通じてその行き詰まりに気付き、日米関係の新しい地平を切り開く方向に早急に転じてもらいたい。

■2014年12月10日

※翁長知事就任―自己決定権発揮の時

翁長雄志氏は12月10日、1972年の施政権返還後7代目の県知事に就任、新しい県政が始動する。

翁長氏の圧勝は、4年ごとにやってくる選挙の結果という以上に重い意味を持つ。

1968年に行われた初の主席公選以来、県民が政治に託し続けた自己決定権回復の訴えの到達点と言えるからだ。

沖縄の将来は自分たちの手で決める。翁長新県政は「屋良建議書」や「建白書」に貫かれた精神の実現という、歴史的な使命を果たしてほしい。

◆「代行機関」を脱して

半世紀前に来沖したマッカーサー駐日大使は、歓迎夕食会の席順を見てショックを受けた。米軍首脳が上席で沖縄代表の当間重剛行政主席は末席に座らされていたからだ。高等弁務官が任命する沖縄代表を、米軍はその程度にしか認識していなかった。

当間氏は那覇市長時代に軍用地の新規接収と借地料の一括払い受け入れを表明して島ぐるみの土地闘争に水を差した。親米姿勢を評価され、初代高等弁務官となるムーアが主席に任命した。

ムーアは琉球政府を米国の「代行機関」と断言、当間氏は1957年の施政方針演説で「代行機関」の地位を受け入れ、米国への協力を表明した。「ネズミ（沖縄）はネコ（米国）の許す範囲でしか遊べない」（ワトキンス少佐）。「暗黒の時代」とも言われる米国統治の実態だ。

「主権在米」とも言われた当時、選挙によって自らの代表を決めたいという要求が、日増しに高まっていったのは当然のことだろう。1968年に主席公選の実現を勝ち取り、革新統一候補の屋良朝苗《やらちょうびょう》氏が初当選した。

屋良氏は沖縄問題を「コンクリートのような厚く巨大な障害物」と表現した。どんなに鋭利な刃物でも全県民的な支持を得ないで障害物に突進すれば、いたずらに刃こぼれするだけだと考えた。そこで全県民一致して日米に立ち向かう「鈍角の闘い」を開始した。

満ち干《ひ》きする潮のように粘り強く政府交渉を繰り返し、課題を少しずつ解決に向かわせる政治手法だ。今でも参考になる。

しかし、日米両政府は沖縄の民意に寄り添わず、密約を交わして返還後もほとんどの在沖米軍基地が残った。1968年以来続く保革対立の構図は、時に沖縄が一枚岩になれないジレンマを抱えていた。ジレンマを乗り越えたのが今回翁長氏を当選させた「オール沖縄」の枠組みだ。

◆二つのパワー

安倍政権は、知事選や名護市長選で示された民意を押しつぶして、米軍普天間飛行場の名護市辺野古移設を強行しようとしている。これがまかり通れば、かつての「暗黒の時代」と同じだ。

一方、翁長氏の当選は米国内世論に変化をもたらしている。米クリントン政権で普天間飛行場返還の日米合意を主導したジョセフ・ナイ元国防次官補（現ハーバード大教授）は朝日新聞のインタビューに対し、辺野古移設計画に関し「沖縄の人々の支持が得られないなら、われわれはおそらく再検討しなければならないだろう」と述べた。中国の弾道ミサイル能力向上に伴い、米軍基地が集中する沖縄は「脆弱《ぜいじゃく》」だとも指摘した。重要な発言だ。

日米は1960年代から米軍基地の脆弱性を認識していた。外交文書は「攻撃を受けた際、狭い島に配備された米軍は装備とともに無力化する危険がある」と指摘している。米国防総省にも同様の意見があった。今も昔も在沖米軍は抑止力ではなく、県民にとって危険な存在なのだ。

新知事の翁長氏は圧倒的な民意を背景にしつつ、国内外の世論も味方にする工夫が必要だろう。沖縄の直接パワーと国内外の間接パワーを組み合わせて、沖縄問題の解決に全力を尽くしてほしい。

■2014年12月16日
※「オール沖縄」全勝―自民党候補、全選挙区で落選

これ以上ない明確な審判が下った。民意は誰の目にも明らかだ。

米軍普天間飛行場の県内移設に反対し、翁長雄志知事を誕生させた「オール沖縄」勢力が衆院選で県内4選挙区全てを制した。これに対し、県外移設の公約を破り、辺野古移設を認めた自民党議員は全員、選挙区で落選した。全国では自民が圧勝する中でのことだ。

歴史的局面と言っていい。名護市長選、知事選と考え合わせると、保革の隔たりを超え、沖縄は一体で犠牲の強要をはねのけると意思表示したのだ。もう本土の犠牲になるだけの存在ではないと初めて宣言したのである。

◆早速の言明

それなのに、この政権の傲岸な姿勢はどう評すべきだろう。

安倍晋三首相は開票当日、「説明をしっかりしながら進めていきたい」と、なお新基地建設を強行する考えを示した。翌日には菅義偉官房長官も、沖縄の自民党候補全敗について「真摯に受け止めるが、法令に基づき（移設を）淡々と進めていきたい」と述べた。

まるで沖縄には彼らが相手にする民意など存在しないかのようだ。米軍基地を置く領土だけがあればいい、住民の意思など邪魔だとでも言うのだろうか。中国政府がウイグル自治区やチベットでしてきたこと、

琉球新報 THE RYUKYU SHIMPO 第38046号
2014年（平成26年）12月15日 月曜日 ［旧10月24日・先負］

7 削減目標のルール合意
18 羽生 ファイナル連覇
28 ぎのわん車いすマラソン
16 キングス 81－74 岩手
告別式の案内 15

沖縄 野党が全勝

「辺野古反対」民意再び

第47回衆院選

県内小選挙区の投開票結果

赤嶺 政賢	57,935票
國場幸之助	53,241票
下地 幹郎	34,328票
照屋 寛徳	85,781票
宮崎 政久	52,156票
玉城デニー	89,110票
比嘉奈津美	59,491票
仲里 利信	71,227票
西銘恒三郎	65,838票

1区 赤嶺氏6選

2区 照屋氏5選

3区 玉城氏3選

4区 仲里氏初当選

九州比例 落選自民4氏復活

衆院選 沖縄の選択 2014

首相「移設進め

自公320超

推定投票率

最近の香港で行ったことと何が変わるのか。

問題は、この沖縄への犠牲の強要が、安倍政権の体質に由来するだけではないという点だ。

世論調査をすると、沖縄では辺野古移設への反対が常に7～8割を占めるのに対し、全国では賛成が反対を上回ることもある。

海兵隊の適地は沖縄のみ、という考えが背景にあるが、思い込みにすぎない。移動手段を考えれば北部九州に置く方が合理的だ。事実、沖縄の基地問題が浮上した

1996年にも、2005年の米軍再編協議でも、当の米国が海兵隊の本土移転を打診している。だが日本側が拒んだというのが実態だ。

尖閣問題を抱え、海兵隊が必要というのも誤りだ。日米の外務・防衛閣僚が交わした正式文書は島嶼防衛を米軍でなく日本のみで対処する分野と定める。米軍が対処するなどあり得ないのだ。

こうした事実は全国ではほとんど報じられない。報道機関の責任もあるが、結局のところ、国民は「見たくない真実」から目をそらしている。日本全体が、米軍が身近にあるのは困る、置くなら沖縄で、と無意識に考えていることの反映と言えば言い過ぎだろうか。

だから政府の辺野古移設強行に国民の反発は少ない。沖縄への犠牲の強要は、安倍政権だけでなく日本全体の「見て見ぬふり」に由来すると考えられるのである。

◆分断統治

「オール沖縄」で勝利した翁長新知事も、今回の4選挙区で当選した議員たちも今後、この強固な「見て見ぬふり」の壁に立ち向かわなければならない。壁の厚さを考えれば並大抵のことではない。

懸念されるのは沖縄側の亀裂だ。

政府が沖縄の民意を顧みない現状はまるで植民地のようである。古今、植民地側の民意が割れていることほど宗主国を喜ばせることはない。だから宗主国は常に分断を狙い、植民地側の傀儡を優遇して「分断統治」を図るのだ。

今回の選挙で奇異なのは小選挙区で落選した議員が全員、比例で救済され、復活当選したことだ。有権者の審判と逆の結果が生じたという意味で、現行選挙制度の問題が極端な形で表れたといえる。

復活当選した自民党議員たちは今後選択を迫られる。比例区当選者として政府の代弁者となるか、沖縄の民意を体現するかだ。言い換えれば、日本への過剰同化を進めて「植民地エリート」となるか、誇りある立場で沖縄の自己決定権獲得に貢献するか、である。

採るべき道は自明だろう。新知事も議員たちももう一度結集し、手を携えて、沖縄に犠牲を強要する「見て見ぬふり」の壁に穴をうがってほしい。

■2014年12月18日
※伊江島F35計画——新たな負担を押し付けるな

米海兵隊が最新鋭ステルス戦闘機F35の離着陸訓練を伊江島で行うことを計画している。沖縄の基地機能をさらに強化する動きだ。

海兵隊仕様のF35Bは垂直離着陸が可能で、2017年に山口県の岩国基地に配備される計画。同じく垂直離着陸型のAV8Bハリアー戦闘攻撃機の後継とされる。

岩国のハリアー機は日常的に普天間飛行場や嘉手納基地に飛来し、伊江島で激しい離着陸訓練などを繰り返している。F35の計画はハリアーに代わるものとみるのが自然だろう。

F35はジェット戦闘機の中でも騒音が大きいと指摘され、米国で反対運動も起きた。伊江島の新たな計画が住民生活に深刻な影響をもたらさないかと強く危惧する。

計画では米軍伊江島補助飛行場内の着陸帯LHDデッキの改良工事を2015年3月に始める。ハリアーなどが使う「ＬＨＤ」は強襲揚陸艦の甲板を模した着陸帯だ。普天間に配備されたオスプレイも頻繁に訓練をしている。Ｆ35やオスプレイの訓練に対応するため特殊コンクリート舗装や管制塔建設を行う計画だが、地元には全く伝えられていないという。理解できない。

政府は計画を知らないのか。知っていて地元に伝えないならあまりに不誠実だ。もし本当に知らないのなら、米軍がこうした計画を日本側に知らせないことが許される日米地位協定の在り方があらためて問われる。

いずれにせよ、政府は速やかに確認し、詳細を明らかにすべきだ。

岩国のＦ35をめぐって海兵隊は、空軍嘉手納基地に専用の格納庫を整備する計画だ。普天間飛行場の移設先とする辺野古の新基地への飛来の可能性も指摘される。

伊江村はハリアー施設建設やパラシュート降下訓練移転などを余儀なくされた歴史がある。現在はオスプレイの騒音や着陸時の粉じん被害なども深刻化している。弱い立場の離島村に説明なく、新たな負担を押し付ける動きが許されるはずがない。

安倍晋三首相は先の記者会見で普天間のＫＣ１３０空中給油機の岩国移駐などを沖縄の「基地負担軽減」として胸を張ったが、実態はＫＣ１３０などの岩国所属機の飛来が恒常化し、在沖部隊と一体となった訓練が激化しつつある。

普天間飛行場の辺野古移設撤回を含む海兵隊の大幅削減、撤退に向けて取り組むことこそが、真の基地負担軽減である。

■2014年12月23日

※米兵飲酒事件続発—米軍は緩和措置取り消せ

飲酒絡みの米兵の事件・事故が相次いで発生している。在日米軍は12月9日、在沖米4軍の軍人・軍属の勤務時間外行動指針（リバティー制度）を大幅に緩和した。これまで制限されていた飲酒場所や飲酒量が事実上、解禁された。緩和するべきだったのか、その結果の事件続発であり、緩和が誤りだったのは明らかだ。

緩和措置によって、これまで夕食時の午後6時から10時まで、バーを除く飲食店でビール2本程度までとされた飲酒制限が、午前0時から5時を除けば場所や量に関係なく認められた。また午前0時から5時まで禁止されていた軍曹相当以下の外出についても、上官が同伴している場合は午前1時から5時まで原則認められた。

米軍が緩和方針を県に伝えた11月26日から12月21日までの26日間で、飲酒絡みの米兵による事件・事故が6件発生している。

11月28日に北谷町北前で発生した住居侵入事件は、未明に酒に酔った米空軍の1等軍曹がアパート2階の一室に施錠されていないベランダ窓から無断で入り込み、居間で寝た疑いがある。生後5カ月の息子を世話しようと目覚めた夫婦が米兵に気付き、恐怖のあまり子どもを抱えて自室から飛び出した。米兵がどこで飲酒したのか分かっていないが、緩和前なので基地外であれば明らかに指針に反する。

12月18日に公務執行妨害容疑で逮捕されたのは、米陸軍トリイステーション所属の大尉だ。車を運転中に警察官の制止を無視して立ち去り、追跡を受けると車外に出て走って逃走し、警察官に体当たりした。基準値の2倍を超えるアルコールが検出された。軍曹以下などの下士官が深夜・未明に飲酒が許される同伴条件となる「上官」の地位にある者がこれでは話にならない。

また21日深夜に北谷町の路上を酒気帯び状態で乗用車を運転して道交法違反で逮捕された米空軍所属の2等軍曹は憲兵隊員だった。

指導的立場の将校や取り締まる側の憲兵が飲酒絡みの事件を起こして逮捕されている。もはや米軍内部の組織統制が機能していない証拠だろう。

基地所在市町村の首長からは緩和措置延期を求める意見が相次いだ。県議会でも米軍の綱紀粛正の取り組みに疑問の声が上がっている。米軍は直ちに緩和措置を取り消し、綱紀粛正を徹底すべきだ。

■2014年12月28日

※知事との会談拒否―県民との対話閉ざすのか

就任あいさつで上京した翁長雄志知事に、安倍晋三首相や菅義偉官房長官らは会わなかった。露骨な嫌がらせではないのか。翁長知事は12月24～26日の日程で就任後初めて上京し、関係閣僚との面談を求めたが、応じたのは最終日の午後に日程が決まった山口俊一沖縄担当相だけだった。

外務、防衛両省では同じく26日午後に北米局長、事務次官がそれぞれ会ったが、岸田文雄外相や中谷元・新防衛相との会談は設定されなかった。

11月の知事選では米軍普天間飛行場の名護市辺野古移設に反対する翁長氏が、移設推進を打ち出した現職の仲井真弘多氏を大差で破った。その約2週間後に、落選した仲井真氏が「知事選のお礼と退任のあいさつ」で上京している。

その際は安倍首相や菅氏らが面談。首相は仲井真氏を「よく仕事しましたね」とねぎらったという。

政府は山口氏以外の閣僚が翁長知事と会わなかったことについて、面会要望の伝達遅れや日程の都合などを挙げた。だが特別国会召集中の慌ただしい日程を考慮しても、つい1カ月前の前任者への厚遇との落差は明白だ。翁長氏滞在中の記者会見で菅氏は「年内は会うつもりはない」と突き放した。

沖縄基地負担軽減担当相を兼ねる菅氏は年明けの来県を検討しているというが、今回「名刺だけでも渡したい」との要望に応じなかったのは、移設反対の新知事に対する意趣返しにしか見えない。

政権の政策に賛同する知事は歓迎するが、反対する知事には簡単には会わないというのなら、あまりに大人げない対応だ。

来年度予算編成を前に、政権内には移設反対の知事就任を理由に沖縄振興予算の減額を求める信じられない意見もあるという。基地と振興のリンクを否定してきた方針を覆す主張であり、見識を疑う。

翁長知事の上京に際し、地元の自民党議員らは政権とのつなぎ役にはならなかった。「敵（翁長県政）に協力する必要はない」との声があるというから、極めて残念でならない。

安倍政権の今回の対応は、選挙で何度も示された移設反対の民意を無視し、作業を強行している姿勢とも重なる。県民に選ばれた知事との会談拒否は、県民との対話を閉ざすことにもほかならない。

首相や菅氏は県民の負託を受けた知事と正面から向き合い、その主張を真摯に聞くべきだ。

【琉球新報社説】〈2015年〉

警備の様子を撮影する女性の肩に脚をかけて馬乗りになる海上保安官（2015・1・20／大浦湾）

■2015年1月8日

※対話拒否―安倍政権は知事と向き合え

安倍政権は県知事選と衆院選の県内選挙区で完敗した意味をよく理解できていないのではないか。そうとしか思えない振る舞いだ。

サトウキビ交付金に関して県が上京中の翁長雄志知事と西川公也農相の面会を求めたのに対し、農林水産省はこれを断った。

農水省は日程を理由としたが、農相はＪＡ関係者の要請には応じ、自民党の地元国会議員が同行している。閣僚への面会では一般に与党議員が仲介し、知事らが同行することが多いが、翁長知事は呼ばれなかった。自民党側が排除した形だ。

県の要請を断った農水省の対応は極めて遺憾であり、県民の代表たる知事に対する官庁の対応として問題含みだ。農相らは官邸の顔色をうかがっているのだろう。

２０１４年末、就任あいさつで上京した翁長知事に対し、安倍晋三首相や菅義偉官房長官らは会わなかった。今回の対応もその延長線上にあるが、翁長知事への冷遇が県民感情をさらに悪化させている現実が首相らには分からないようだ。

米軍普天間飛行場の辺野古移設阻止を掲げて知事選で大勝した翁長氏との対話を拒むその姿勢は、その公約を支持した多くの沖縄の声を無視することにほかならない。民主主義の原点をも否定するような対応ではないか。

琉球新報
THE RYUKYU SHIMPO
第38068号
2015年（平成27年）1月8日木曜日

農相、知事面会を拒否

自民・西銘氏らとは会談
政権"冷遇"際立つ

県連「協力は困難」

沖縄振興予算1割減
政府、3100億円前後で調整

党再生へ三つどもえ
民主代表選スタート

安倍政権は新年度沖縄振興予算の減額を検討しているとも伝えられる。事実とすれば、基地と振興はリンクしないと強調してきた説明を自ら否定するものだ。政権方針に反対する沖縄を力で組み敷こうとする態度がにじむ。

一方で自民党本部も、沖縄振興予算について議論する1月8日の沖縄振興調査会に翁長知事の出席を求めなかった。こちらも前県政時とは手のひらを返したような対応だ。

党県連内には「衆院選でも反自民候補を支援した政敵に協力する必要はない」との声があるという。政党としての当然の論理、と言いたいようだが、政権党として、あまりに狭量な対応だ。権勢を誇示しようという思惑もちらつくが、地元益より党利党略を優先させるような対応では県民の支持は離れるだけだ。

政権側の対話拒否について翁長知事は「あるがままの状況を県民や本土の方に見てもらい、考えてもらえればいい」と語った。安倍政権は知事冷遇への反発が広がる沖縄の民意を今こそ直視し、その非民主的な対応を恥じるべきだ。

■2015年1月25日

※海上保安官「馬乗り」―決して許されない行為だ

危険行為をしておきながら「最低限許される」と開き直る。

海上保安庁という国家組織は、一体誰のために、何を守るために存在しているのだろうか。

名護市の大浦湾で1月20日、米軍普天間飛行場の同市辺野古沖移設に反対する抗議船に乗船して海上作業を撮影していた映画監督の影山あさ子さんに、海上保安官が馬乗りして制圧した（87ページ扉写真参照）。本紙写真部員が撮影した連続写真を見ると、誰の目にもそう映るだろう。

第11管区海上保安本部は「かじがある船体後部へ通り抜けるために女性をかわして奥に進んだ」と回答したが、矛盾している。船体後方から現れ、背後から左足を肩に乗せている海上保安官の姿が写っているからだ。

第11管区海上保安本部の高橋博美次長は、野党国会議員の抗議に対し「危険な行為なら物理的な措置を取らざるを得ない。最低限許される行為だ」と答えた。危険な行為をしたのは海上保安官ではないのか。決して許されない行為だ。

そもそも海保はなぜ辺野古にいるのか。市民の安全を守るためではないことだけは確かなようだ。世界最強の米軍に差し出す新基地の建設作業を邪魔されないように、市民から守っているのだ。

今や海上保安庁の中で、ジョージ・オーウェルの小説「１９８４」さながら、二重思考が蔓延《まんえん》している。

海保の言う「安全確保」は市民の安全ではなく作業現場の安全を指し、無抵抗の市民を「危険」とみなす。暴力行為は慎むものではなく「最低限許される」。

男性の喉元《のどもと》を手で押さえて恫喝し、女性の腕をねじり上げる。ある時は、3人がかりで羽交い締めして後頭部を船底に打ち付ける。またある時は、フロート内に入った市民を力ずくで海中に数回沈める。今回、馬乗り行為も加わった。市民に暴力を振るっているのは映画の「ロボコップ」ではなく、国家公務員の海上保安官だ。

海上保安官の馬乗りは、現在の安倍政権と沖縄県の関係を象徴しているようにも見える。翁長雄志知事を先頭に辺野古移設反対を訴える沖縄の民意を、安倍政権は馬乗りのように力ずくでねじ伏せようとしている。もはや法治国家ではない。恐怖政治がまかり通る「一党独裁国家」のようではないか。

■2015年2月8日

※辺野古検証委員会—作業阻止へあらゆる手段を

辺野古埋め立て承認の検証委員会が始動した。翁長雄志知事は検証作業と並行して、辺野古の海上作業を止めるためのあらゆる手段を早急に検討すべきであろう。

米軍普天間飛行場の名護市辺野古移設計画で、前知事の埋め立て承認を検証する県の「第三者委員会」が初会合を開いた。6人の有識者が承認に法的な瑕疵《かし》がなかったかを検証する。

検証の取りまとめは6月となり、7月上旬をめどに県に報告する。「早ければ4月」としていた知事の説明から、数カ月遅れた。

委員長の大城浩弁護士は報告に関し「それなりの質を求められている。中身を薄くするわけにはいかない」と述べ、十分に時間をかける必要性に理解を求めた。だが率直にいって「7月では遅くないか」と感じた人も多いだろう。

委員らは8千ページもの政府の埋め立て申請書をはじめ県議会の百条委員会審議、承認取り消し訴訟など膨大な資料を今後調査する。国に提訴される事態も想定した十分な理論構成が求められよう。

時間を要することは理解できるが、一方では民意を無視して安倍政権が移設に向けた作業を進めている。抗議する市民と警備当局の衝突でけが人も相次ぐ。可能な限り検証作業を急いでもらいたい。

検証では環境保全面がまず論点となろう。承認直前まで県が自ら「懸念は払拭できない」と報告した通り、絶滅危惧種ジュゴンやウミガメ、貴重なサンゴ・海草などの生態系への影響や、埋め立て土砂搬入に伴う外来生物被害などの懸念は消えないままだ。

埋め立て自体の必要性、知事の裁量権もポイントだ。中国のミサイル射程内にある沖縄での海兵隊基地移設を軍事専門家も疑問視する中、豊かな海を埋め立てる事業に公益性はない。承認判断の本質をつまびらかにしてほしい。

県は検証中の海上作業中断を求めたが、安倍政権はこれを拒んだ。再三の選挙で示された民意を踏みにじり、最低限の要望さえ無視して事業を強行する前近代的な対応は、国際的にも本当に恥ずかしい行為である。

移設の既成事実化を図る狙いがあろうが、県の検証作業について専門家は「まずは承認を撤回し、その後に法的瑕疵を検証すればよい」とも指摘している。知事に検証を悠長に待つ余裕はないはずだ。県庁内や外部の知恵を結集し、次の一手へ今こそ総力を注ぐべきだ。

■2015年2月11日
※大浦湾サンゴ破壊―ブロック投下は許されない

米軍普天間飛行場の移設に伴う新基地建設で沖縄防衛局の設置したコンクリートブロックが名護市の大浦湾の複数箇所でサンゴを傷つけていたことが分かった。現場海域は絶滅危惧種のジュゴンやウミガメが回遊し、生活の場としている。大浦湾の貴重な生態系をこれ以上破壊することは許されない。

コンクリートブロックは立ち入り禁止区域などを示すための浮具（フロート）や浮標灯（ブイ）を固定するためのものだ。沖縄防衛局は県の漁業調整規則の許可は必要ないとの立場を取っている。協議や許可が必要のない「船舶等の投錨」と認識しているのだろうか。

しかし海に投下されている「錨《いかり》（アンカー）」は10～45トンのコンクリート製ブロックと、480～870キロの鋼製の2種類だ。しかも75カ所に設置される。あまりに巨大で、投下数も多い。いかりの規模を超えている。

県漁業調整規則では漁場内でサンゴなどの岩礁を破壊する者は知事の許可が必要だと定めている。その理由について県は許可取扱方針で「本県水産業は、これらサンゴ礁などが持つ大きな生産力をよりどころとしており（中略）多くの有用な魚介類が生育する重要な場所」だからだとしている。

実際に防衛局の設置したコンクリートブロックが随所でサンゴを破壊している。つまり県に許可が必要

巨大なコンクリートブロックに押しつぶされるサンゴ（2015・2・14／大浦湾）

な岩礁破砕を引き起こしているのだ。実害が出ているのに、防衛局は県が昨年、「フロートを固定するアンカーの設置について許可は不要とした」と判断したことを挙げ、県との協議にも応じようとしていない。自分たちに都合の良い解釈だけで物事を進めている。極めて不誠実だ。

県は1月16日、ブロックの設置が岩礁破砕の協議が必要かを判断するための質問状を、30日の回答期限を付けて防衛局に送っている。しかし防衛局は回答する前の27日にブロック投下に踏み切っている。

さらに県は防衛局が30日に送付した回答に対して再質問を出している。防衛局は回答を出さぬまま、ブロック投下を続けている。県の協議、許可の権限を奪っており、順法精神のかけらもない。

防衛局は県の再質問に速やかに回答すべきだ。そして少なくとも県が協議、許可の必要の有無の判断を出すまでは一切の作業を中止しなければならない。

■2015年2月19日

※高江ヘリ着陸帯先行提供―恥ずべき対米従属だ

日本政府の対米従属もここに極まれりと強い憤りを禁じ得ない。

政府は2月17日、米軍北部訓練場の一部返還に伴うヘリコプター着陸帯（ヘリパッド）移設計画で、東《ひがし》村《そん》高江集落に最も近いN4地区の着陸帯2カ所について、米側に先行提供することを閣議決定した。

施設区域返還前の先行提供により、米軍は既存の着陸帯に加え、新設着陸帯でのオスプレイ運用が可能になる。今後、訓練が一層激化し、騒音や低周波、高温排気熱など、住民生活や自然環境への影響が悪化するのは避けられない。これは誰の目から見ても米軍基地機能の強化そのものだ。沖縄の基地負担軽減に逆行しており、到底許されない。

北部訓練場の一部返還は、1996年の日米特別行動委員会最終報告に盛り込まれたが、22カ所の着陸帯のうち7カ所を返還し、高江集落を取り囲むように6カ所を新設する内容だ。そもそもこの計画は、着陸帯集約による基地機能強化にほかならない。加えて、多くの希少生物が生息する、やんばるの森を新たに切り開く自然破壊も強く懸念されている。

しかも、新設着陸帯6カ所のオスプレイ使用回数見込みは年間2520回で、オスプレイと交代するCH46Eヘリの1288回から、ほぼ倍増する計画だ。住民らが反発するのは至極当然であり、実際、連日座り込みによる抗議行動が展開されているのは周知の通りだ。

しかしながら政府は着陸帯建設を強行し、あまつさえ、反対運動による建設遅れなどを理由に、着陸帯の引き渡しを前倒しした。住民の声を圧殺し、米軍への配慮をあからさまなまでに優先しているのが実態だ。高江の反対運動などをめぐっては、北部訓練場司令官の海兵隊少佐が「お金をもらっている」「返還された森の上空をオスプレイは飛ばない」などと事実から懸け離れた暴言を述べたことが分かっている。

現在でも訓練場外の森林上空を飛行するオスプレイが確認されており、発言は捏造そのものだ。高江の県道70号では、銃を所持した米兵部隊が歩行する姿もたびたび目撃されている。米軍に自由な活動を許す植民地さながらの沖縄の実態が、米側のゆがんだ認識を助長していることは疑いがない。安倍政権は着陸帯の運用と建設を即刻中止することで沖縄の負担軽減を図り、米側の誤った認識も払拭すべきだ。

■2015年3月24日

※新基地工事の停止指示―安倍政権は従うべきだ

目の前に横たわる不条理に対し、冷静に法理を尽くし、粛々と是正を求める権限行使である。沖縄の尊厳を懸けた安倍政権との攻防は新たな局面を迎えた。

名護市辺野古への新基地建設に向け、国が投入した巨大なブロック塊がサンゴ礁を破壊している問題で、翁長雄志知事は沖縄防衛局に対し、海底ボーリング（掘削）調査など全ての海上作業を3月30日までに停止するよう指示した。

作業停止を拒む政府に対し、翁長知事は「腹は決めている」と述べた。埋め立て本体工事の基盤となる岩礁破砕許可も取り消される公算が大きくなった。

◆「主権」はどこへ

翁長知事は安慶田《あげだ》光男、浦崎唯昭の両副知事と共に記者会見した。新基地建設阻止に向けた不退転の決意を県内外に示す狙いがあろう。

「沖縄のことは沖縄が決める」。われわれは地方自治の原則に根差した知事の決断を強く支持する。問題を整理しよう。国は新基地建設に抵抗する市民を排除するため、埋め立て海域を取り囲む臨時立ち入り制限区域を設けた。その上で、埋め立てを承認した仲井真弘多前知事から2014年8月に岩礁破砕の許可を得た。

広大な臨時制限区域を示す浮標灯を固定する重りとして、沖縄防衛局は海底に最大160キロの鋼板アンカー248個を設置したが、大型台風で120個が流出した。

消えたアンカー（錨）の代わりに投下したブロック塊の重量は10～45トン、低く見積もっても当初のアンカーの62～280倍に及ぶ。環境保全に背を向けた常軌を逸した対応だ。

埋め立て海域とは関係ない海域で巨大なブロックがサンゴ礁を無残に押しつぶしている。「無許可行為」が確認されれば、岩礁破砕許可取り消しなどを命じることができる。知事の作業停止指示には環境破壊を防ぐ法的正当性がある。

一方、県は臨時制限区域内で、サンゴ礁の破壊の有無を調べる立ち入り調査を申請したが、米軍は「運用上の理由」を挙げ、不許可にした。

だが、沖縄防衛局は連日、潜水調査を実施しており、運用上の理由は成り立たない。防衛省や外務省は県の調査実現の仲介さえしようとしない。狭量な二重基準が極まっている。

安倍政権と米軍が気脈を通わせた県排除の構図だ。日本国内の環境を守るための調査さえかなわないなら自発的な「主権喪失」と言うしかない。安倍晋三首相が国会などで連呼してきた「主権」は沖縄では存在しないかのようだ。

◆低劣な品格あらわ

「全く問題はない」。沖縄の基地負担軽減を担当しているらしい菅義偉官房長官はこの日も硬い表情で断定調の「全く」を再三口にした。強気一辺倒の物言いには、沖縄を敵視する響きがある。

見たくない現実から目を背け、都合のよい事情だけ取り入れて強がり、恫喝する。仲井真前知事による埋め立て承認にすがりつき、沖縄の民意を問答無用で組み敷くことしか打つ手がないことの表れだ。子どもじみた心性が際立つ。民主主義の価値を損なう政権の低劣な品格が映し出されている。

沖縄の民意は「普天間固定化ノー、辺野古新基地ノー」だ。掘削強行や人権無視の過剰警備など、安倍政権のやることなすことが沖縄社会の反発を強める悪循環に陥っている。「辺野古移設か、固定化か」という脅しも沖縄に基地を押し込める差別を助長している。

普天間飛行場は戦後、米軍が民有地を強制接収して造った。奪われた土地にできた基地を動かす先がなぜ県内なのか。かつて県内移設を認めていた県民も根本的な疑念を深め、今は総じて7割超が反対している。普天間飛行場を抱える宜野湾市でも民意は鮮明だ。2014年の県知事選と衆院選で危険性除去を訴えた仲井真前知事と自民党現職は大差をつけられた。

民主主義を重んじる正当性は沖縄にある。安倍政権は工事停止指示を受け入れるべきだ。追い込まれているのは政権の側である。

■2015年3月31日

※農水相効力停止決定―まるで中世の専制国家

いったい今はいつの時代なのか。歴然と民意を踏みにじり恬《てん》として恥じぬ政府の姿は、中世の専制国家もかくや、と思わせる。

まして民主主義の国とは到底思えない。もっと根源的にいえば、この政府が人権意識をかけらでも持っているか疑わしい。

言うまでもなく林芳正農林水産相が翁長雄志知事の発した作業停止指示の効力停止を決めたからだ。これで民主国家を称するとは度し難い。理は沖縄側にある。県は堂々と国際社会に訴えればいい。民主制に程遠いこの国の実相を知れば、国際社会は耳を疑うだろう。

◆「法治」の機能不全

この肩書は悪い冗談としか思えないが、菅義偉官房長官は「沖縄基地負担軽減担当相」である。この人物の常套句は「法治国家」だが、農相の決定は、この国が「法治国家」としても機能不全であることを示している。

ここまでを振り返る。仲井真弘多前知事は米軍普天間飛行場の県外移設を掲げて2010年に再選されたが、13年末に突然、公約をひるがえし、辺野古移設を認める埋め立て承認をした。国は沖縄の反対の民意を無視し、14年夏から辺野古沖の海底掘削調査を強行した。

掘削に先立ち、沖縄防衛局は県から岩礁破砕の許可を得たが、その際は錨《いかり》（アンカー）投下と説明していた。だが２０１５年１月に10〜45トンもの巨大なコンクリートを投下し始め、サンゴ礁を壊しているのが海中写真と共に報じられた。

県は実態調査のため、制限区域内への立ち入り許可を米軍から得ようと防衛局に調整を求めたが、防衛局は拒否した。現に環境破壊が進行中なのに、環境保全を管轄する県が調査すらできない。そんな「法治国家」がどこにあるか。

県は３月23日に防衛局に作業停止を指示した。翌日、防衛省は農相に不服申し立てをして県の指示の効力停止を求めた。県は27日、却下を求め農相に意見書を出したが、県の要求は退けられた。

そもそも行政不服審査法は国民に行政庁への「不服申し立て」の道を開くのが目的だ。行政庁が自らの行為の温存に使うのは本末転倒である。

しかも審査は第三者機関がするのではない。農相は閣僚だから、防衛省に停止を求めれば閣内不一致となる。停止指示できるはずがない。「法治」の根源である客観性の欠落は明らかだ。

国は、県が許可したことを掘削強行の根拠とする。だが、数十トンもの巨大なコンクリートを「錨」と呼ぶのは詐称に等しい。しかもサンゴ破壊は県の許可区域外にも及んでいることがはっきりしている。どんな観点から見ても国の掘削は違法性が濃厚なのだ。これで「法治国家」といえるのか。

◆基地集中は限界

国は、工事停止で作業が遅れれば「日米の信頼関係に悪影響し、外交・防衛上の損害が生じる」と主張する。サンゴ破壊の有無を調べるだけで「信頼」が失われるような二国間関係とは何なのか。

まして「日米関係が悪化するから」という理由で、国内法に基づく許可を得ないまま作業を続けていいと言うのなら、県の言う通り、もはや独立国家ではない。

辺野古移設は、地元では反対を掲げる市長が再選され、市議会も反対が多数を占め、反対の翁長氏が知事に当選し、衆院選は反対派が全小選挙区で勝利した。民主主義の観点から沖縄はこれ以上ない明確さで意思表示している。

国は前知事の承認を大義名分とするが、公約破りに民主主義上の正当性はない。昨年の知事選で、前知事が現職としては前代未聞の大差で敗れたことからもそれは明らかだ。その民意を踏みにじり、度重なる知事の面会要求すら拒み続けて移設を強行する政府の姿は、何と野蛮であろうか。

常識的に考えて、国土のわずか0・6%の沖縄に米軍専用基地を74%も押し込め、戦後70年を経てもなお続けようとするのは人道上も許されない。それが限界に来ている事実を政府は直視すべきだ。

■2015年4月3日

※「辺野古基金」創設―新基地阻止の基盤固めよ

沖縄の声を国内外に発信するための基盤を確固なものとしたい。新基地建設の阻止を訴える県民に対する国民の共感と連帯を広げる格好の機会ともなるだろう。

米軍普天間飛行場の県内移設に反対する「沖縄建白書の実現を目指し未来を拓く島ぐるみ会議」が、移設反対の民意を発信するため、基金の創設を検討している。全国に寄付を呼び掛ける予定だ。

辺野古への新基地阻止の運動を財政面で支える意義は極めて大きい。取り組みを評価し、後押ししたい。基金創設は作家で元外務省主任分析官の佐藤優氏が本紙連載「ウチナー評論」の中で提唱した。同調する意見も本紙に寄せられ、創設を求める声が広がった。

戦後70年を迎えた今も過重な基地負担を強いられ、新基地建設が強行されている。しかし、沖縄の現状に対する国民の理解はまだ十分とは言えない。沖縄の発信力の強化が求められている。

１９９６年から98年にかけて、県は「沖縄からのメッセージ」事業を全国46都道府県と米国で実施した。基地、平和、文化をキーワードに据えたシンポジウムや講演会は基地重圧の実態を伝える上で一定の効果をもたらした。

規模や手法を問わず、さまざまな形で沖縄の実情を伝える活動がこれからも必要だ。そのためには財政的な裏付けは欠かせない。

沖縄の民意を米政府や議会に直接届けるためには積極的なロビー活動も求められる。それにも多大な経費が必要だ。これらの活動を多くの国民の良心で支えたい。

基金創設に向けた募金活動は国民世論の喚起につながる可能性があることにも注目したい。

東京都の石原慎太郎元知事が２０１２年、尖閣諸島の購入を表明し、購入・活用に充てる寄付金を募った。日中関係の悪化につながったが、領土問題で世論を喚起し、14億円もの寄付金が集まった。

方向性は全く異なるが、新基地建設に反対し、平和と環境を守る基金創設を通じて国民理解の広がりが期待できる。この理解は資金同様、県民にとって得難い財産となるはずだ。

瀬長亀次郎氏が那覇市長となった時、米軍の圧政から市政を守るため自発的な納税運動が起きた。本土からも物資支援があった。「島ぐるみ闘争」を支えたような県民の意思、国民の良心で基金を創設し、新基地建設を阻止したい。

■2015年4月6日
※翁長・菅会談―自治の抑圧即時やめよ

「キャラウェイ高等弁務官の姿が思い出される」

就任以来ようやく実現した菅義偉官房長官との会談で、翁長雄志知事が言い放った。かつて米国の軍事植民地に置かれた沖縄に君臨したキャラウェイは「(沖縄住民の)自治は神話でしかなく、存在しないものだ」と語り、強権を振るった。翁長知事はキャラウェイに重ねて安倍政権を批判した。沖縄の戦後政治史の中で、これほど強い言葉はないだろう。

名護市長選、知事選、衆院選で示された辺野古移設反対の民意が存在しなかったかのように振る舞うことは「自治は神話」で日本は独裁国家と言うに等しい。

◆「政治の堕落」

それにしても来県した菅官房長官が知事に語った言葉は軽すぎる。「辺野古(移設)を断念することは普天間の固定化につながる」と述べ、移設作業を「粛々と進めている」と語った。

辺野古移設を「唯一の解決策」と言い張ることは、県外に移設先を求めない日本政府の怠慢でしかない。第3次安倍内閣で防衛相に就任した中谷元氏が2014年3月、県外での反対や抵抗によって沖縄の基地の分散は難しいとの認識を示した。中谷氏は「分散しようと思えば九州でも分散できるが、抵抗が大きくてできない」「理解してくれる自治体があれば移転できるが『米軍反対』という所が多くて進まないことが、沖縄に（基地が）集中している現実だ」などと答えている。

民主党政権の最後の防衛相だった森本敏氏も海兵隊の普天間飛行場の移設先について「軍事的には沖縄でなくてもよいが、政治的に考えると沖縄が最適」と発言している。知事が指摘するように県民は「粛々」という言葉に決して脅かされないだろう。

看過できないのは、なぜ知事にユニバーサル・スタジオ・ジャパン（ＵＳＪ）沖縄誘致の話を持ち出すのか。ＵＳＪは民間企業である。まるで国営企業のようではないか。勘違いも甚だしい。あまりにも露骨な懐柔策だ。

知事は普天間飛行場が沖縄戦の最中に住民から土地を奪って建設された史実を語った。戦争中に民間地の奪取を禁じるハーグ陸戦条約に違反する行為であり、日本が降伏した時に、返されるべき施設である。それを70年もの長きにわたって占拠し続ける米国の異常さを認識すべきである。

代替の新基地を求めること自体もっての外だ。日本政府が米国の不当行為に加担して、普天間の危険性除去のために沖縄が負担しろというのは、知事が主張するように「日本の政治の堕落」でしかない。

◆「弊履《へいり》」のような扱い

キャラウェイの圧政に屈せず、沖縄県民は自らの代表を自ら選ぶ「主席公選」を勝ち取った。当選した屋良朝苗氏は、日本復帰に際して基地のない平和な沖縄県を目指した。１９７１年「復帰措置に関する建議書」を抱えて羽田空港に降り立ったとき、衆院沖縄返還協定特別委員会は、与党自民党が数の力で返還協定を強行採決していた。復帰後も米軍による基地の自由使用が決まった。

このとき屋良氏は破れた草履《ぞうり》を意味する「へいり（弊履）」という言葉を使い「沖縄県民の気持ちと云うのはまったくへいりの様にふみにじられる」（11月17日付日記）と憤激した。安倍政権の沖縄に対する姿勢はこの言葉と重なる。

翁長知事は菅氏に、安倍政権は辺野古が唯一の解決策のように国民を「洗脳」していると批判した。政府が基地の縮小を持ち出すことについて見掛け倒しで実現しない「話のごちそう」と突き放した。

県民の民意を体現して知事が繰り出す言葉は非常に重みがある。菅氏はその重みを受け止め、辺野古移設が不可能だと認識すべきだ。

そうでなければ、菅氏の来県は元知事の平良幸市氏が沖縄を訪問した国会議員団の主体性を疑問視し非難した、「何のかんばせ（顔）あって相まみえんや」となる。

■2015年4月18日

※知事・首相会談―「圧倒的な民意」は明白

知事の言葉一つひとつに県民の思いが込もっていた。歴史的な会談と評価していい。

翁長雄志知事が安倍晋三首相と会談した。何より最後の一言が大きい。知事は、米軍普天間飛行場の辺野古移設について「知事をはじめ沖縄県民が明確に反対していることをオバマ大統領に伝えてほしい」とくぎを刺したのだ。

この会談を首相は「移設へ向けた進展」と米国へ説明する材料に使うと目されていた。知事はそれを警戒したのだろう。この発言でそんな偽装は不可能になった。

首相は会談を新基地建設の免罪符に使ってはならない。知事の言う通り移設作業を中止すべきだ。

◆「固定観念」

首相はこの日も「辺野古（移設）が唯一の解決策」と繰り返した。知事選、市長選、衆院選で反対派が全勝した昨年の選挙は、まさに知事が述べた通り「圧倒的な民意」である。その県民の度重なる意思表示を経てもなお、「辺野古が唯一」と繰り返すのは、知事の評した通り「かたくな」だ。民主国家にあるまじき姿勢である。

知事は「（辺野古が唯一という）固定観念に縛られず、移設作業を中止してほしい」と求めた。民意に照らし当然の要求だろう。

現防衛相の中谷元氏は２０１３年、「沖縄の基地を分散しようと思えば九州へも分散できるが、反対が大きくてできない」と述べていた。他県は反対があるから移設しないが、沖縄はいくら反対しても移設を強行するというわけである。これがダブルスタンダードでなくて何であろうか。

元防衛相の森本敏氏も同じ趣旨のことを在任中に述べている。最近も「海兵隊が沖縄にいなければ抑止にならないというのは軍事的には間違いだ」と明言した。県外移設でも何ら支障がないことを担当大臣の発言は証明している。

首相らの言う「辺野古が唯一」論はとうに破綻しているのである。

菅義偉官房長官が繰り返す「16年前に沖縄も同意した」という主張のウソを知事が指摘したのも痛快だっ

（1）総合 1版 （1968年2月2日第3種郵便物認可）

きょうの紙面
7 自民、テレビ局聴取
13 東京新聞「こちら特報部」
18 金秀シニアゴルフ開幕
22 沖縄人口、全国25位に
告別式の案内 17

「石の上にも3年」 瑞泉青龍3年古酒 瑞泉

琉球新報
THE RYUKYU SHIMPO 第38166号
2015年（平成27年）4月18日土曜日

「新基地絶対造らせない」

知事 辺野古断念迫る
首相と初会談 米への伝達要請
「圧倒的民意」を強調

翁長知事発言骨子

辺野古基金 4600万円に

知事、来月末にも訪米
議員に書簡、協力求める

あす号砲 トライアスロン宮古島大会

た。

1999年に閣議決定した計画は、政府が2006年に破棄し現計画に変更した。政府自ら破棄しておいて「16年前に同意」とは詐称に等しい。

しかも16年前は、軍民共用でかつ15年後には基地として使用してはならないというのが絶対条件だった。使用期限が受け入れられなければ容認は撤回すると当時の名護市長も明言していた。

だが現計画になり、軍民共用も使用期限も雲散霧消した。これで「地元も受け入れていた」と称するのは虚言以外の何物でもない。

◆倒錯の論理

16年前の計画も、使用期限は米

側が同意する見込みがなかったから、いずれ計画が破綻するのは明らかだった。政府が閣議決定を破棄したのはそんな行き詰まりも背景にある。沖縄側が容認を撤回するのは時間の問題だったのだ。

会談で首相は現計画が普天間の危険性除去になると強調した。だが辺野古移設では、県民の頭上を危険な物体が飛び、爆音をまき散らし、軍による犯罪が日常的に発生する事態は何ら変わらない。これが「危険性の除去」にならないのは、子どもでも分かる。

普天間移設は沖縄の基地負担軽減がそもそもの出発点だったはずだ。基地を沖縄から沖縄へ移すのが解決策と主張するのは、どう見ても倒錯した論理である。

政府は沖縄の反対が極論であるかのように言うが、普天間飛行場をなくしたところで、国内の米軍専用基地の沖縄への集中度は73・8%から73・4%へ、わずか0・4ポイント下がるにすぎない。これが過大な要求だろうか。

世論調査では県民の6割から8割は常に県外・国外移転を求める。辺野古でいいとするのはせいぜい十数%だ。20年間もそうなのだから、今後も賛成が上回るなどあり得ない。辺野古新基地を断念することこそ現実的である。政府はその現実を直視すべきだ。

■2015年4月30日

※砂上の日米同盟─敵意に囲まれ持続は不可能

日米同盟強化をうたえばうたうほど、よって立つ基盤のもろさが目立つ。まさに砂上の楼閣《ろうかく》だ。

4月28日に安倍晋三首相がオバマ米大統領と会談し、「日米同盟は格段に強化されている」と述べた。米軍普天間飛行場の辺野古移設について、翁長雄志知事の反対は伝えたというが、「辺野古移設を唯一の解決策とする立場は揺るぎない」とも強調した。沖縄の民意など無視するという宣言に等しい。

だが沖縄の反対こそ「揺るぎない」ものだ。民意を顧みぬ政府への憤りは臨界点に達しつつある。強い敵意に囲まれた基地が機能できるのか。両政府はその脆弱《ぜいじゃく》な基盤をこそ直視すべきだ。

◆言葉と逆の現実

それにしても奇妙な光景だった。両首脳の交わす言葉の一つひとつが、見事なほど言葉とは裏腹の現実を照らし出していた。

安倍首相は「自由、民主主義、人権、法の支配など基本的価値の上に立つ日米同盟」と口にした。だが辺野古をめぐる現実はどうか。つい先日まで漁師が自由に航行できた海は突然、法的根拠もあやしい「臨時制限区域」なるものが設けられ、民間人は閉め出された。キャンプ・シュワブのゲート前では昨日まで歩けた範囲に突然、線が引かれ、一歩でも足を入れた途端、後ろ手に拘束する。航行や歩行の「自由」はあっけなく奪われたのである。

名護市長選でも知事選、衆院選でも辺野古移設の推進・容認派は全敗し、反対派は完勝した。にもかかわらず移設工事を強行しようとする政府は、「沖縄には民主主義を適用しない」のであろう。例えば他の地域で知事や市長が反対する中、原発建設を強行できるだろうか。他府県では到底できない行為を沖縄に対してだけなすのは、差別と呼ぶほかない。

新基地を建設するか否か、沖縄には口出しできないとする態度は、沖縄の人々には自分の土地の将来を

海上保安官に拘束されるカヌーの市民（2015・6・3／大浦湾）

決める権利もないということである。これで「民主主義、人権など基本的価値の上に立つ」などと、よく言えたものだ。「法の支配」とは、処罰するか否か、統治者や権力者が恣意的に左右できない公平性を意味する。だが辺野古では前述のように「制限区域」なる勝手な線引きも政府の思うがままである。サンゴの破壊が明らかでも、環境保護を所管する県の立ち入り調査は認めないが、工事の船は自由に往来する。このどこが「法の支配」なのか。皮肉なものである。

◆「唯一」は日本だけ

ただ、共同記者会見の内容は注意深く見た方がいい。日本政府は「辺野古移設推進で両首脳が合意した」と盛んに宣伝するが、オバマ氏は「辺野古」の単語を発しておらず、「在沖海兵隊のグアム移転を進める」と述べただけだ。米側が辺野古を最上と考えているかどうかは分からない。「唯一」と叫ぶのは日本側だけである。

首脳会談でオバマ氏が尖閣を「日米安保条約5条の適用対象」と述べた点も誤った解釈が横行している。

まるで尖閣のために米軍が中国と戦争するかのように言いなす人がいるが、幻想だ。

第5条は両国がそれぞれ自国の憲法の手続きに従うとうたう。米国憲法は「戦争宣言」の権限は米議会にあると定める。開戦するか否か議会が決めるのだ。5条を適用するというのは「議会に諮《はか》る」という意味にすぎない。そして、東シナ海の無人の岩のために米国の若者が血を流していい、と議会が考えるはずはないのである。

翁長知事が緊急会見し、首相が辺野古移設の意思を示したことに「遺憾だ」と述べたのは当然だ。辺野古という「固定観念」から一歩も出ようとしない政府の態度はまさに「政治の堕落」である。

知事は訪米して米国世論に訴える考えも示した。賛成だ。日本政府の頑迷《がんめい》固陋《ころう》は病的だが、知事の言う通り米国は「いろんな考えを吸収しながら意思決定をする」からだ。繰り返し訴えるほかない。

■2015年5月11日

※先島陸上自衛隊配備—軍事要塞化認められない

防衛省は宮古島への陸上自衛隊警備部隊の配備地として宮古島市平良《ひらら》の大福牧場周辺と同市上野野原のゴルフ場千代田カントリークラブ周辺の2カ所を有力候補地として絞り込んだ。左藤章防衛副大臣がきょう5月11日午前に同市を訪れ、下地敏彦市長と会談し、配備を正式に打診する。午後には石垣市を訪ね、中山善隆市長に同部隊配備に向けた調査への協力を求める。

防衛省は先島の2島を「島しょ防衛の初動任務の拠点」にする考えだ。しかし部隊配備が本当に必要なのか。いたずらに軍事衝突を引き起こす火種となる拠点を設置するようにしか思えない。

防衛省は２０１８年度までの中期防衛力整備計画で、「沿岸監視部隊や初動を担任する警備部隊の新編等により、南西地域の島しょ部の態勢を強化する」と記した。沿岸監視部隊は与那国島で駐屯地建設が進み、警備部隊は奄美大島、石垣島、宮古島への配備が計画されている。

さらに警備部隊には隊員だけでなく、陸自地対艦ミサイル（ＳＳＭ）、地対空ミサイル（ＳＡＭ）も配備される可能性がある。ミサイルが配備されれば、当初の３５０～４００人規模の部隊は５５０人以上に膨れ上がる。防衛省は現時点で具体的な配備地、ミサイル配備の有無などの情報を明らかにしていない。島民、県民が知らぬ間に、軍備増強が勝手に決められ、進められることは許されない。

警備部隊が担う初動任務とは、武装集団による離島への上陸などの事態が起きた場合の最初の武力行動を指す。離島奪還という名目で島が戦闘状態となり、住民が巻き込まれて犠牲になるのは沖縄戦で証明されている。

２０１４年6月に宮古島市を訪れた当時の武田良太防衛副大臣は、市長に配備適地調査への協力を求めた席で部隊配備の目的を「住民の安全を確保する」と述べた。果たしてそうだろうか。

沖縄戦では米軍がサイパンでの戦闘後、日本本土への攻撃に向けて沖縄を拠点にしようとした。日本軍は本土決戦を先延ばしにする時間稼ぎとして沖縄での地上戦を繰り広げた。沖縄住民を犠牲にした「捨て石」作戦だった。

戦後70年を迎え、再び本土防衛の「捨て石」になりかねない沖縄の軍事要塞化を認めるわけにはいかない。陸自部隊配備は白紙に戻すべきだ。

■2015年5月18日

※新基地拒否県民大会―戦後70年の重い決意だ

名護市辺野古への新基地建設を阻む民意の底流には、沖縄の苦難の戦後史を断ち切らねばならないという強い意思がある。

「戦後70年」を大会名に冠した意義が幅広い世代の参加者に共有されていた。気温30度近い炎天下にもかかわらず、「辺野古新基地阻止」県民大会に3万5千人（主催者発表）が参加したが、会場にはそれ以上の熱気が渦巻いた。

映画監督のオリバー・ストーン氏が連帯のメッセージを寄せるなど、県民大会は沖縄の民意の地殻変動の大きさを世界に印象付けた。

◆訪米要請の弾みに

県民は「沖縄の尊厳」に裏打ちされた基地の島からの脱却、沖縄のことは沖縄が決める「自己決定権」の獲得という二つの固い決意を日々、強めている。

共同代表ら弁士は沖縄のアイデンティティーと重なる「しまくとぅば」（琉球語）を随所で用いた。沖縄戦の住民犠牲と人権が踏みにじられてきた米軍統治時代など戦後の歩みを縦糸に、現在の新基地を拒む重層的な民意の広がりを横糸にした発言を繰り出した。

自らの意思で沖縄のありようを決めることができなかった負の歴史に終止符を打ち、子や孫の将来世代

ドキュメント 5・17

10時ごろ　辺野古で約200人が抗議の座り込み。各地から会場に向けてバスが出発
10・30ごろ　参加者が会場に集まり始める
11・00　開場
11・40ごろ　アトラクションが始まる
12・32　翁長雄志知事が会場入り
12・52　翁長知事らが登壇。大きな拍手が湧く
13・01　県民大会開始
13・04ごろ　共同代表の大城立裕氏の「沖縄の歴史始まって以来の快挙」とのメッセージが読み上げられる
13・05ごろ　島ぐるみ会議共同代表の平良朝敬氏が「子や孫たちのためにありとあらゆる行動を」と強調
13・13ごろ　辺野古基金共同代表の呉屋守將氏が「新基地を造らせない闘いは決して孤独ではない」と主張
13・18ごろ　連合沖縄の大城紀夫会長が「県民大会はスタートだ」と呼び掛ける
13・22　自衛隊同郷会の中山きく会長が「武力を伴わない平和が一番」と語る
13・29ごろ　稲嶺名護市長が「市長の権限、与えられた手法、手段を使って知事と共同歩調で必ず辺野古を止める」と言明
13・36ごろ　ヘリ基地反対協の安次富浩共同代表が辺野古の闘いについて報告
13・42ごろ　辺野古・大浦湾住民代表の松田藤子氏が大浦湾での毎日の抗議活動について報告
13・48ごろ　作家で元外務省主任分析官の佐藤優氏が「われわれは既に勝っている」と話す
13・54ごろ　学生代表の古謝留美さんが「沖縄の未来を担う県民として頑張っていく」と表明
14・00ごろ　映画監督オリバー・ストーン氏のメッセージが紹介される。
14・01ごろ　ジャーナリストの鳥越俊太郎氏が「安倍政権に屈しない」と強調
14・11ごろ　翁長知事が「新基地建設を阻止することが最大唯一の解決する施策だ」と訴える
14・32ごろ　参加者数は3万5千人と発表される
14・34ごろ　大会決議が

3万5000人が結集

沖縄の民意 内外に訴え

県民大会決議

今年は戦後70年の節目の年である。私たち沖縄県民は悲惨な地上戦により住民の4人に1人が犠牲となった。戦後27年間は米軍占領統治下に置かれ、日本国憲法は適用されなかった。本土復帰から43年目を迎える今も、米軍基地あるが故の事件や事故に苦しみ続けている。私たち沖縄県民は長年にわたり、自ら望んで持ってきたわけではない米軍基地を挟み、「容認派・反対派」と県民同士が対立し、分断され続けてきた。

こうした中、昨年の名護市長選挙、名護市議選挙、沖縄県知事選挙、衆議院選挙の沖縄4選挙区の全てで、米軍普天間基地移設に伴う名護市辺野古への新基地建設反対の圧倒的民意が示された。ところが、安倍政権は、前知事が公約を翻し行った公有水面埋め立て承認を盾に、民意を無視して辺野古新基地建設を「粛々」と強行している。翁長雄志知事による海上作業の停止指示を無視し、反対する市民に対しては、海上保安庁や沖縄防衛局による過剰警備によって弾圧を加えている。また、去る4月28日、沖縄県民にとっての屈辱の日には、日米首脳会談において辺野古新基地建設推進を再確認している。

こうした日米両政府の姿勢は、「自治は神話だ」と言い放った米軍占領統治下の圧政と何も変わらない。沖縄県民の尊厳を侮辱し、日本の民主主義と地方自治の根幹を破壊する暴挙である。もはや「辺野古」は沖縄だけの問題ではない。私たちは今、この国の民主主義の在り方を問うている。

私たち沖縄県民は自ら基地を提供したことは一度もない。普天間基地も住民が収容所に入れられている間に建設され、その後も銃剣とブルドーザーによる土地の強制接収によって拡張されてきた。これは占領下においても私有財産の没収を禁じたハーグ陸戦法規に明白に違反するものである。国際法に違反し造られた米軍普天間基地は閉鎖・撤去こそが「唯一の解決策」である。

辺野古新基地建設を巡るこの19年間において、今まさに正念場である。今新基地建設を止めなければいつ止めるのか。私たち沖縄県民は2013年1月に安倍総理に提出した建白書を総意として「オスプレイの配備撤回、普天間基地の閉鎖・撤去、県内移設断念」を強く求めている。保革を超えて私たち県民がつくり上げた、この沖縄の新たな海鳴りは、沖縄と日本の未来を拓く大きな潮流へと発展しつつある。道理と正義は私たちにあり、辺野古に基地を造ることは不可能である。子どもたちや孫たち、これから生まれてくる次の世代のためにも、私たち沖縄県民は決して屈せず、新基地建設を断念させるまで闘うことをここに宣言する。

よって、日米両政府は県民の民意に従い、米軍普天間基地の閉鎖・撤去、辺野古新基地建設・県内移設を断念するよう強く要求する。以上、決議する。

2015年5月17日

戦後70年 止めよう辺野古新基地建設！沖縄県民大会

「大阪都構想」を否決

住民投票　橋下氏が引退表明

大阪市を廃止し、五つの

上の大阪市民が対象で、当

強める可能性もある。

大阪都構想
住民投票開票結果

賛成	反対
49.62%	50.38%
69万4844票	70万5585票

（選管最終、率は有効投票に占める割合）

対70万5585票、賛成69万4844票のわずか1万741票差で否決された。大阪維新の会代表の橋下徹市長は記者会見し、12月までの市長任期を全うした上で政界を引退する意向をあらためて表明した。最高顧問を務める維新の党にとって大きな打撃となる。維新の党と連携する安倍晋三首相の改憲戦略や、野党再編に影響を与えそうだ。

（4面に関連）

市選管によると、20歳以

ブル選」となった11年の市長選の60・92%を5・91ポイント上回った。

大阪府との二重行政を解消して経済成長を図り、住民に身近な行政を実現するとして都構想に政治生命を懸けた橋下氏の主張は浸透せず、市の存続が決まった。会見で橋下氏は否決結果に関し「大変重く受け止める。都構想が市民に受け入れられなかった。間違っていたということになる」と述べた。将来的な政界復帰についても否定した。

首相や菅義偉官房長官は、維新の党と憲法改正論議で連携することを視野に、都構想に理解を示してきた。否決によって橋下氏不在となる維新の党が民主党などとの野党再編志向を強め、政権への対決姿勢を強める可能性もある。

きょうの紙面
4 南シナ海問題で米中会談
19 日本、バド国別団体で銀
20 FC琉球、富山と引き分ける
28 那覇で新聞人戦没者慰霊祭
告別式の案内 11

ニュースや情報提供 098(865)5158
広告のお申し込み (0120)415059
購読・配達の問い合わせ (0120)395069
本社事業案内 098(865)5256
読者相談室 098(865)5656

琉球新報
THE RYUKYU SHIMPO
第38195号
2015年
5月18
[旧4月1
発行所 琉
〒900－8525那
電話 098
©琉球新

新基地建設断念を

日米両政府に辺野古新基地建設断念を訴えるため、3万5千人（主催者発表）が参加した県民大会＝17日午後、那覇市の沖縄セルラースタジアム那覇（花城太撮影）

米軍普天間飛行場の名護市辺野古への移設阻止を訴える「戦後70年　止めよう辺野古新基地建設！沖縄県民大会」（主催・同実行委員会）が17日、那覇市の野球場「沖縄セルラースタジアム那覇」で開かれ、主催者発表で約3万5千人が集まった。新基地建設阻止の大会決議を採択し、昨年の名護市長選、県知事選、衆院選などで相次いで示された新基地建設反対の民意をあらためて国内外に訴えた。出席した翁長雄志知事は、辺野古移設が普天間返還の「唯一の解決策」とする政府に対し「阻止することが唯一の解決策だ」と強調。しまくとぅばで「沖縄人をないがしろにしてはいけない」と声を張り上げると、参加者が立ち上がって拍手を送った。（2、3、28、29面に関連）

関連写真グラフ15、16、17、18面に掲載

新基地反対
5・17県民大会

ことし夏ごろにも辺野古の埋め立て本体工事に着手しようとする政府に対し、知事を先頭に作業の中止と計画撤回を求める歴史的な大会となった。辺野古移設に反対する大規模な県民大会は2010年4月の読谷村での大会、オスプレイ配備と普天間の県内移設への反対を訴えた12年9月の宜野湾市での大会に続き3回目。

17日の大会は午後1時の開始前から参加者が続々とスタンド席を埋め、外野席や球場外も各地からの参加者であふれた。参加者は「辺野古新基地ノー」「われわれは屈しない」などと気勢を上げ「普天間の閉鎖・撤去、辺野古新基地建設・県内移設の断念」を求める決議を拍手で採択した。

翁長知事は「あらゆる手法を用いて辺野古に新基地は造らせない」と重ねて表明。辺野古移設計画を推進する安倍政権に対し「日本の政治の堕落だ。自国民に自由と人権、民主主義の価値観を保障できない国が世界と（同じ価値観を）共有できるのか。日米安保体制・同盟はもっと品格のある、誇れるものであってほしい」と批判した。

実行委員会は翁長知事を支える県議会与党や経済界有志、市民団体などで構成。25日に首相官邸や外務、防衛両省、在日米大使館を訪ね、決議文を提出する。

大会共同代表を務めた稲嶺進名護市長や平良朝敬島ぐるみ会議共同代表らは、27日からの翁長知事の訪米要請行動に同行し、米政府にも決議書を手渡すことを計画している。

辺野古阻止が唯一の解決策
知事、政府を痛烈批判

県民大会であいさつした翁長雄志知事は、普天間飛行場の名護市辺野古移設について「県の有するあらゆる手法を用いて造らせない」と述べ、移設阻止に全力で取り組むことを表明。「新辺野古基地の建設阻止が普天間問題を唯一解決する政策だ」とも述べ、別の方策を探ることが移設問題の解決につながると訴えた。

安倍政権の閣僚が「移設問題の原点は危険性の除去」と説明することについて「沖縄から言わせると、原点は普天間飛行場が米軍に強制接収されたことだ」と述べ、飛行場の成り立ちについて政府認識をただした。その上で「辺野古が唯一の解決策」として移設を強行する政府の姿勢を「日本の政治の堕落だ。自国民に自由と人権、民主主義を保障できない国が世界の国々とその価値観を共有できるのか」と痛烈に批判した。

政府の対米追従について「日本の国が独立は神話だと言われないように頑張ってください」と、首相への激励のエールで皮肉った。

さらに「子や孫がまた捨て石として犠牲にならないか、沖縄の責任世代として見極めないといけない」とも指摘した。

移設問題に関して全国に沖縄の訴えへの理解が広がりつつあることに「心強い。この沖縄から日本を変えていきたい」とも語り、最後は「うちなーんちゅ、うしぇーてぇー、ないびらんどー（沖縄人をないがしろにしてはいけませんよ）」と締めくくった。

大会後の会見で、最後のしまくとぅばでの発言について「沖縄の現状と、首相に反省をしてもらい、沖縄のこれからのあるべき姿を真剣に考えてもらいたいという意味合いだ」と説明した。

政府が大浦湾でボーリング調査を強行していることや、県民の反対の中で今後も作業を進めようとしていることについて「海での銃剣とブルドーザーで建設されつつある新基地」と批判を込めて表現し「辺野古に造ることはいかに困難かを実感している」とも述べた。

新基地建設阻止に向けた決意をあらためて強調する翁長雄志知事＝17日午後、沖縄セルラースタジアム那覇

天気は3面、テレビ面は26面に移しました
金口木舌は3面に移しました。りゅうちゃんクイズは休みました。

に基地負担を残さないという不屈の誓いが説得力を宿していた。

「新辺野古基地の建設を阻止することは普天間基地(問題)を唯一、解決する政策だ」。新基地を造らせず、普天間基地を閉鎖に追い込む決意をほとばしらせた翁長雄志知事は声のトーンを上げ、こう結んだ。

「うちなーんちゅ　うしぇーてぇーないびらんどー(沖縄人をないがしろにしてはいけませんよ)」

知事は「うしぇーらんけー(みくびるな)」と投げ付ける言い回しを避け、諭す響きがあった。

沖縄の民意を無視し、新基地建設が「唯一の解決策」と言いはやす安倍晋三首相と沖縄に基地を押し付けて平然としている本土の「人ごとの論理」を改めるよう促す意味合いがあろう。

この日一番、まさに地鳴りのような拍手が沸き、全ての参加者が総立ちになった。沖縄への差別と犠牲を断つことを切望する民意が凝縮されて示された。県民大会は何度も開かれてきたが、かつてない光景であった。

菅義偉官房長官、安倍首相、中谷元・防衛相との会談を通し、新基地阻止の決意を正面から伝えてきた翁長知事の求心力は一層高まった。大会の成功は訪米要請行動の弾みになる。米国での行動に生かしてほしい。

◆沖縄の反転攻勢

在京大手メディアの全国世論調査をみると、２０１４年12月の翁長知事就任から２０１５年２月ごろまで新基地建設賛成が上回る傾向にあったが、菅官房長官と会談した際の翁長知事の旗幟《きし》鮮明とした発言が大きく報じられて以来、十数ポイントずつ、反対が上回る傾向に変化している。

一方、辺野古阻止行動に生かす「辺野古基金」には、運動開始から１カ月超で２億１千万円超が集まった。その7割超が本土からの寄付である。

基金共同代表の呉屋守将氏は「オール沖縄の闘いがオールジャパンに変化してきた」と評したが、民主主義の適用を求める沖縄の主張の正当性に対する理解が着実に広がっている。

民意を組み敷き、新基地建設をやめない安倍政権に対する沖縄側の本格的な反転攻勢という局面に転換しているのである。

大会決議はこう宣言した。

「この沖縄の新たな海鳴りは、沖縄と日本の未来を拓く大きな潮流へと発展しつつある。道理と正義は私たちにあり、辺野古に基地を造ることは不可能だ」

対米追従を深める安倍政権はオバマ米政権に対して沖縄を質草のごとく差し出すことで忠誠を尽くそうとしている。

しかし、県民大会でも示された強固な民意をこれ以上無視することは許されない。新基地建設を中止し、米本国への普天間配備部隊の撤収などの新たな選択肢を模索すべきだ。

■2015年5月27日

※翁長知事訪米――新基地阻止の決意示せ

これほど頻繁に訪米しなければならない県が他にあるだろうか。翁長雄志知事がきょう訪米する。直近の歴代4知事も訪米してきた。沖縄が自ら声を届けねば伝わらないからだ。沖縄の民意を顧みぬ日本政府の機能不全、差別性を再認識せざるを得ない。

ただ今回は従来と異なる点がある。昨年の名護市長選と知事選、衆院選で辺野古新基地建設反対の候補が全勝した。県民大会も開いた。沖縄はあらゆる民主的手段で意思表示したと言っていい。かつてない歴然たる民意を知事は背負っている。新基地建設阻止の決意を堂々と訴えればいい。

◆陸戦条約違反

強調したいのは沖縄の米軍基地が非人道的手法で存在する点だ。

第2次世界大戦末期に住民が収容所に入れられていた間、米軍は沖縄で勝手に基地を造った。1950年代には住民に銃剣を突き付けて住居や農地を奪い、基地を拡張した。いずれも占領下の民間地奪取を禁ずるハーグ陸戦条約（戦時国際法）46条違反である。今、日米両国が造ろうとしている名護市辺野古の新基地もまた、沖縄住民の意思に反する強制接収だ。大戦後70年も国際法に違反し、今後も続けるというのである。

政府は辺野古に基地を建設しなければ普天間飛行場は固定化すると言う。自ら土地を奪っておいて、基地が老朽化したから新たに基地を提供せよ、嫌なら居座ると脅すのはどう見ても非人道的だ。

沖縄住民の自由、平等、人権、民主主義を守れない日米両政府が、どうして世界に「普遍的価値観の共有」をアピールできるのか。不思議でならない。

沖縄経済は基地の「恩恵」で成り立っていると言う人もいるが、大きな誤解だ。むしろ基地は経済の阻害要因で、基地が無い方が飛躍的に発展するのは多くの実例とデータで証明されている。

海兵隊が沖縄でなく日本本土や米本国、豪州などに置かれたら、たちまち機能を失うと信じる米国民はいないだろう。米国の安全保障の専門家も海兵隊の豪州移転を提言している。基地が移転したら「沖縄が経済的に困る」「抑止力を失う」という神話はとうに消え去っているのである。

「沖縄は平和の緩衝地帯になりたい」。翁長知事は外国人特派員にそう語った。アジアの成長力を取り入れて発展するビジョンもある。基地の大幅削減後の未来像を沖縄は既に持っているのである。

◆ワシントン拡声器

「ワシントン拡声器」という仕組みがある。新外交イニシアティブの猿田佐世《さるたさよ》氏が名付け親だ。日本の政党や官僚が国内向けに実現したい政策があるとする。だが国民の大多数には不人気だ。そこで、米国内にせいぜい30人、主だった人はたった5、6人しかいない「知日派」にその政策を吹き込む。アーミテージ元国務副長官、グリーン元国家安全保障会議アジア上級部長がその代表格だ。「知日派」はその政策を、自らの要求として発言する。米国民の大多数はその政策を知らないのに、発言はたちまち「米国の意向」となる。結果、政策は実現する。

沖縄に基地を置きたがる外務・防衛両省の役人や一部の政治家ら「安保マフィア」がよく使う仕組みだ。われわれは、この「声の増幅器」に振り回されてきた。

時にそれは「声の減衰器」としても使われる。新基地建設に対する沖縄の反対について日本の安保マフィアは米側に「補助金をつり上げるための手練手管《てれんてくだ》」と吹き込む。だから反対の声は本気と思われず、過小評価される。メア元国務省日本部長が「沖縄はゆすりの名人」と発言したのがいい例だ。

知事が訪米しなければならないのは、この厚い壁があるからだ。突破するのは容易でない。知事は毅然として「辺野古新基地は必ず阻止する。もはや不退転だ。普天間は直ちに返還し、海兵隊の移転先は県外や国外に探してもらいたい」と断言してきてほしい。

■2015年6月8日
※米兵事件頻発―たがの緩みは明らかだ

規律を重んじるはずの軍隊のたがの緩みは明らかだ。基地外で県民に被害が及ぶ重大な事件、事故の発生につながりかねない危うい予兆と心得るべきだろう。

このところ、米兵が容疑者となる事件が頻発し、8日間で7人の逮捕者を出す事態となっている。飲酒運転による道路交通法違反容疑の逮捕者は5月30日以降、6人に上っている。勤務時間外の過ごし方に緊張感を欠いている表れと言えよう。

さらに県警は6日、在沖海兵隊キャンプ・ハンセン所属の3等軍曹を強盗致傷の疑いで逮捕した。5月24日の明け方に那覇市の国際通り沿いで男性を殴り、現金を奪ったとされる。被害者は頬骨を折る全治2カ月の大けがを負った。在沖米4軍全体で重大事故につながりかねない飲酒運転と凶悪事件が発生した重大性を共有し、綱紀粛正に取り組むべきだ。

2014年12月、在日米軍は沖縄の4軍の軍人・軍属の飲酒に関する制限を大幅に緩和した。勤務時間外行動指針（リバティー制度）を変更し、飲酒場所や飲酒量の制限を緩めた。

午後6時から10時までバーを除いた飲食店でビール2本程度に制限されていたが、緩和措置によって午前0時から5時までを除き、飲酒場所や量の制限がなくなった。

在日米軍は制限緩和の理由に「事件・事故の減少」を挙げたが、制限緩和後に飲酒運転の逮捕者が相次ぎ、われわれは緩和措置を取り消すべきだと主張した。

その懸念が的中する形で、その後も飲酒運転による逮捕者は後を絶たず、2015年に入っての逮捕事案は16件に上る。

陸海空、海兵隊の4軍の間で、他の軍の兵士による犯罪については、関知しないという感覚がありはしないか。沖縄社会の米軍に対する厳しい目線は軍隊ごとに振り分けて注がれるものではない。

米軍は「良き隣人」政策を掲げ、兵士らに沖縄社会に歓迎される紳士たれと号令を発している。問題行動を起こすのは一握りの兵士かもしれないが、被害に遭う県民の側からすれば米軍全体の綱紀を問わざるを得ない。

狭い基地の島に2万数千人の規模の米兵を抱え続ける限り、統計学的に米兵の事件をゼロにすることは困難だ。日米両政府は、在沖米軍の綱紀粛正とともに基地と兵員の規模を大幅に削減する責務があることを忘れてはならない。

■2015年6月12日

※普天間騒音訴訟―法治国家と言えるのか

米軍普天間飛行場騒音訴訟の判決で那覇地裁沖縄支部は国に約7億5400万円の支払いを命じた。「騒音被害は深刻かつ広範だ。受忍しなければならない程度とは評価できない」と明言している。

国の防音対策も飛行場の違法性軽減に影響しないと一蹴した。違法性は明確だ。法治国家であるなら国は飛行停止を求めるべきだ。

普天間飛行場をめぐっては2002年に第1次爆音訴訟が始まった。2008年には一審で国に賠償を命じ、2010年の控訴審で賠償は増額された。賠償を命じるのは今回で3回目となる。

嘉手納基地でも3次にわたり爆音訴訟があり、1次、2次では一審と控訴審でそれぞれ賠償が命じられた。1県だけで爆音をめぐる国への賠償命令が7回も下ったのだ。こんな県がどこにあるか。

裁判所が賠償を命じるというのは、沖縄の現状が合法の範囲を逸脱すると認めたに等しい。賠償命令が繰り返され、一向に改善されないのなら、違法は常態化するということになる。

では、違法状態の原因者である米軍基地を国が撤去しようとせず、違法な飛行を止めようともしない沖縄は、国が違法状態の永続を住民に強制しているということだ。一地域に永続的違法を強制する国が、法治国家と言えるのか。

安倍晋三首相は4月、米議会で、中国の海洋進出をけん制して「広い海を法の支配が貫徹する海に」と演説した。自国で法治を貫徹せずして、よく演説できたものだ。

在日米軍基地は日米地位協定で米軍の排他的管理権を定めている。基地の使い方について日本政府は一切口出しできないとする、イタリアやドイツならあり得ない屈辱的規定だ。このため国内法は適用されないから、航空法に反する低空飛行が平然と繰り返される。

それだけではない。地位協定は賠償金の分担を定めているが、爆音訴訟の賠償は米側が拒否している。特権的で不平等な地位協定すら守らせられずして、「法の支配」もあるまい。

安倍首相は米国で「自由、民主主義、人権などの基本的価値」も強調した。沖縄の自由も民主主義も人権もないがしろにしておいて、矛盾を感じないのだろうか。

安倍政権は前知事に対し2019年2月までの普天間の運用停止を約束した。だが日米首脳会談では交渉どころか、言及すらしていない。無責任国家ここに極まれりである。

■2015年6月17日

※辺野古で見つかった碇石――法治国家なら徹底調査を

わずか60～70センチの石が大きな価値を秘めていそうだ。名護市辺野古の新基地建設予定地で見つかった石が、琉球王朝時代の碇石《いかりいし》である可能性が高まった。

碇石なら文化財だ。文化財保護法は、遺跡や文化財が見つかった場所付近の工事に文化財の有無を確認する試掘調査と文化財を記録する本調査を義務付けている。

菅義偉官房長官は常々「法治国家として（新基地建設を）粛々と進める」と述べている。法治国家ならよもや文化財保護法を破ることはあるまい。当然ながら徹底調査すべきである。

碇石は中世に木製のいかりを沈めるため使った重りだ。鉄錨《かないかり》以前に日本や中国、朝鮮を往来する貿易船で使ったとされ、アジアの交流史を知る手掛かりである。県内での発見はまれだ。久米島町は町指定有形文化財に指定しているほどで、その貴重さが分かる。

今回の石は2月下旬、名護市教委が新基地予定地の米軍キャンプ・シュワブ内で試掘調査前の踏査をした際、海岸付近で見つけた。市教委は専門家に石の鑑定を非公式に依頼したが、その専門家が「碇石の可能性が高い」と述べている。

シュワブ内には大又遺跡、思原遺跡など五つの遺跡・文化財があることが既に分かっている。市教委はその試掘調査を沖縄防衛局に求めていた。防衛局は先に新基地建設工事を進め、文化財が見つかったら市と協議すると主張していた。文化財を壊しても構わないと言わんばかりの主張はさすがに撤回されたが、今も試掘調査を短期で済ませるよう求めている。文化財の価値を知らない、文明国にあるまじき非常識な主張と言うほかない。

防衛局は新基地建設の作業ヤードに、当初は辺野古漁港を使おうとしていた。だが漁港の管理権は市で、市との協議の長期化を避けるために別の場所にヤードを設けることにした。だがその場所が試掘調査予定地なのだ。

碇石が本物と判断されたら、市側は発見場所付近として海域の調査も求める方針だ。防衛局も、文明国なら認めるほかあるまい。市教委は遺漏なきよう調査を尽くしてほしい。

試掘調査を県や市が求めた場合、米海兵隊の許可が必要となる。折しも米軍普天間飛行場のリー司令官が文化財について「宜野湾市やコミュニティーと協力して保存に努めている」と強調したばかりだ。米軍も言行一致が問われよう。

■2015年6月23日

※慰霊の日―沖縄戦の教訓を次代へ

米軍の戦史に「ありったけの地獄を集めた」と刻まれた沖縄戦から70年、慰霊の日がまた巡ってきた。ことしはとりわけ胸が騒ぐ。節目の年だから、ではない。沖縄戦の教訓を無にするかのような動きが活発化しているからだ。

先人の無念を無駄にしてはならない。戦争を憎み、平和な島を建設するという「あまりにも大きすぎた代償を払って得た／ゆずることのできない／私たちの信条」（県平和祈念資料館・展示むすびのことば）を思い起こしたい。

◆強いられた「共死」

沖縄戦の教訓は「軍隊は住民を守らない」である。言い換えれば「軍の駐留は住民の犠牲を招く」ということだ。これは抽象的なスローガンではない。戦場の実態に即した事実である。

沖縄戦で壊滅的被害を受けた島と日本軍が駐留していた島は、見事なほど一致する。駐留のない島の被害は軽微だ。駐留と被害は明らかに連動したのである。

別の背景もある。沖縄戦直前、軍部は住民に壕を掘らせ、戦争準備を強いた。従って住民が投降すれば、どこに司令官がいてどこに武器弾薬があるか、敵軍に知られてしまう。だから住民が生き残るよりは住民の全滅を願ったのだ。

それを裏打ちする文書がある。日本軍の「報道宣伝防諜《ぼうちょう》等に関する県民指導要綱」だ。「軍官民共生共死の一体化」とある。意図的に住民へ「共死」を強いたのだ。

もっと本質的な問題もある。大本営は「帝国陸海軍作戦計画大綱」の中で沖縄を「皇土防衛の前縁」とし、現地の軍に「出血持久戦」を求めた。米軍の本土上陸を一日でも先延ばしするため、沖縄を「捨て石」

としたのだ。沖縄の住民は「防衛」の対象ではなく、本土を守るために犠牲に供するものと位置付けたのである。

これは沖縄戦全体を覆う特徴だ。1945年4月、大本営は「占領セラルハ必至」(機密戦争日誌)と知りつつ、沖縄戦に突入した。5月下旬、日本軍は主力の7割を失い、首里の司令部も維持できなくなったが、沖縄本島南部への撤退を決めた。南部に住民13万人余がひしめくのを承知の上で、である。

占領されると知りながら敵を上陸させ、なるべく長くとどめようとする。住民が多数逃げている場所に軍が行き、紛れ込む。こんな計画のどこに住民を守る視点があろう。軍部には住民保護の意識が決定的に欠落していた。

以降、日本軍による食料強奪や住民の壕からの追い出し、壕内で泣く子の殺害が起きた。「ありったけの地獄」はこうして現れた。

◆戦前想起させる動き

沖縄戦の前年、疎開船対馬丸が米軍に撃沈された。だがその情報は軍機保護法により秘匿され、知らずに別の疎開船に乗った住民も次々に犠牲となった。特定秘密保護法がこうした事態の再来を招かないか、危惧する。

今、安全保障法制は、日本と遠く離れた地域での出来事も「国の存立が脅かされる事態」と規定する。戦前の「満蒙は生命線」の言葉を想起する。国民の恐怖心をあおって他国での戦争を正当化する点で、うり二つではないか。

沖縄戦体験者の4割は心的外傷後ストレス障害(PTSD)を発症、または発症の可能性があるという。

阪神大震災体験者の倍だ。専門家は「沖縄戦と今が地続きだからだ。米軍の存在が日常の沖縄では米軍による事件事故のたびに心の傷口が開く」と分析する。

その傷口に塩を塗り込むように、政府は新たな基地の建設を辺野古で強行している。沖縄の民意がどうであろうと沖縄を基地として差し出す、という構図だ。犠牲を強いる点で、沖縄戦の構図と何が異なるだろう。

私たちは犠牲強要の再来を断じて許さない。過去に学び、戦争につながる一切を排除せねばならない。疎開船撃沈を報じず、沖縄戦でも戦意高揚を図った新聞の責任も、あらためて肝に銘じたい。

■2015年6月27日

※百田尚樹氏発言―開いた口がふさがらない

ものを書くのをなりわいとする人間が、ろくに調べず虚像をまき散らすとは、開いた口がふさがらない。あろうことか言論封殺まで提唱した。しかも政権党の党本部でなされ、同調する国会議員も続出したのだ。看過できない。

安倍晋三首相に近い自民党若手国会議員の勉強会「文化芸術懇話会」で、作家の百田尚樹氏が「沖縄の2紙をつぶさないといけない」と述べた。

出席した議員も「マスコミを懲らしめるには広告収入がなくなるのが一番だ。経団連などに働き掛けて」と述べた。気に入らない報道は圧力でつぶすということだ。国会でこの問題をめぐる質疑が出たが、自民

琉球新報 THE RYUKYU SHIMPO 第38235号
2015年(平成27年) 6月27日 土曜日

3 土砂条例案、参考人が評価
5 USJ県に進出支援要請へ
9 仏、中東でテロ相次ぐ
11 東京新聞「こちら特報部」
告別式の案内 15

いもと小児科
☎098（938）6112

自民 県内2紙に圧力
党勉強会で発言相次ぐ
長尾氏「左翼に乗っ取られている」
大西氏「収入なくして懲らしめる」
普天間近隣住民に百田氏
「商売のため基地の周りに」
報道圧力に批判拡大
首相釈明 安保法案審議へ波及
言論の弾圧許さず
琉球新報 沖縄タイムス 共同抗議声明
沖縄で参考人
安保法案、来
島田氏の足

党総裁である安倍首相はおわびを拒否し、発言議員の処分も拒んだ。言論封殺に対する首相の認識を疑わざるを得ない。

百田氏は米軍普天間飛行場について「もともと田んぼの中にあった。まあなんにもない。基地の回りに行けば商売になるということで人が住み出した」とも述べた。事実誤認も甚だしい。

戦前の宜野湾村役場があった場所は現在の滑走路付近だ。周辺には国民学校（小学校）や郵便局、旅館、雑貨店が並んでいた。さらに言えば琉球王国時代の宜野湾間切《まぎり》（村に相当）の番所（村役場に相当）もここだ。有史以来の地域の中心地なのである。

ここは沖縄戦のさなか、米軍が地元住民を収容所に閉じ込めている間に建設を強行した基地だ。民間地強奪を禁じたハーグ陸戦条約違反だが、戦後も居座った。土地を奪われた住民が古里の近くに住むことを金目当てであるかのごとく言うのは、誹謗中傷に等しい。

しかも1972年の日本復帰までは落下傘降下訓練が主で、今のような運用ではなかった。74年に滑走路が整備され、76年に岩国基地から海兵航空団が移駐してきて今のような運用になったのだ。62年には既に市制に移行し、75年に人口は5万人を超えていた。市街地に航空団の方がやってきたのである。

この情報は宜野湾市のホームページにある。少し調べれば分かる話だ。百田氏はそれすらせずに虚像を拡散させたのである。軍用地主が「みんな大金持ち」というのもうそだ。極めて悪質と言わざるを得ない。

「沖縄2紙をつぶす」発言について、百田氏は翌日になって「冗談として言った」と述べたが、言い訳は通用しない。言論封殺を望む考え方自体が問題なのである。

2015年6月27日
言論の弾圧許さず――琉球新報　沖縄タイムス共同抗議声明

百田尚樹氏の「沖縄の二つの新聞はつぶさないといけない」という発言は、政権の意に沿わない報道は許さないという〝言論弾圧〟の発想そのものであり、民主主義の根幹である表現の自由、報道の自由を否定する暴論にほかならない。

百田氏の発言は自由だが、政権与党である自民党の国会議員が党本部で開いた会合の席上であり、むしろ出席した議員側が沖縄の地元紙への批判を展開し、百田氏の発言を引き出している。その経緯も含め、看過できるものではない。

さらに「（米軍普天間飛行場は）もともと田んぼの中にあった。基地の周りに行けば商売になるということで人が住みだした」とも述べた。戦前の宜野湾村役場は現在の滑走路近くにあり、琉球王国以来、地域の中心地だった。沖縄の基地問題をめぐる最たる誤解が自民党内で振りまかれたことは重大だ。その訂正も求めたい。

戦後、沖縄の新聞は戦争に加担した新聞人の反省から出発した。戦争につながるような報道は二度としないという考えが、報道姿勢のベースにある。

政府に批判的な報道は、権力監視の役割を担うメディアにとって当然であり、批判的な報道ができる社会こそが健全だと考える。にもかかわらず、批判的だからつぶすべきだ―という短絡的な発想は極めて危険であり、沖縄の二つの新聞に限らず、いずれ全国のマスコミに向けられる恐れのある危険きわまりないものだと思う。琉球新報・沖縄タイムスは、今後も言論の自由、表現の自由を弾圧するかのような動きには断固として反対する。

琉球新報編集局長　**潮平芳和**
沖縄タイムス編集局長　**武富和彦**

■2015年6月29日

※報道圧力で処分―安倍首相の責任どう示す

無知と無責任に巨大与党のおごりが加わった不遜な発言のオンパレードだった。トカゲのしっぽ切りで済ますことは許されない。幕引きには到底ならない。

若手所属議員が開いた勉強会で、講師による「沖縄の2紙はつぶさないといけない」という発言に同調し、言論封殺を図る意見が噴き出した問題で、自民党は会の代表の木原稔青年局長を更迭し、3議員を厳重注意処分にした。

世論の反発が急速に強まっていることに焦りを募らせ、反対が強い安全保障法制の審議への影響を抑えるための党利党略第一の即決処分であることは間違いない。

谷垣禎一幹事長は6月28日のＮＨＫ番組で「大変申し訳なかった。沖縄の問題に取り組んできた歴史に反する議論だった」と謝罪したが、自民党総裁である安倍晋三首相は国会で人ごとのように謝罪を拒んでいた。首相自身がどう責任に言及し、県民に対してけじめをつけるかが次の焦点になっている。

安保法制や名護市辺野古への新基地建設をめぐり、出席議員は国民の反発が高まる状況に業を煮やし、報道がその要因と決め付けた。

その上で「マスコミを懲らしめるには広告料収入がなくなるのが一番。経団連に働き掛けてほしい」などと発言していた。

言論、表現、報道の自由は民主主義の根幹を成す。権力を監視、検証して批判するのは報道機関の当然の責務だ。仲間内だけの会合で居丈高に「懲らしめる」と発言する感覚は傲慢そのものだ。

講師だった作家の百田尚樹氏による「2紙つぶさないと……」発言を引き出したのが長尾敬議員だ。

長尾氏は琉球新報、沖縄タイムスの2紙を名指しし、「左翼勢力に乗っ取られている。その牙城の中でゆがんだ（沖縄の）世論を正しい方向に持っていく」などと述べた。虚偽に基づく悪質なレッテル貼りは無知と背中合わせで、国会議員の言動とはおよそ思えない。

沖縄戦を起点に米軍基地の過重な負担が続く中、県民は基地被害の除去、改善を訴えている。基地に厳しい世論の源流を学ぶこともなく、沖縄の新聞がミスリードしていると言い募るのは県民への侮辱に等しい。

事ここに至っては、佐藤優氏が指摘する「沖縄蔑視発言事件」の性格を帯びている。「県民に丁寧に説明する」と繰り返してきた安倍首相の責任はやはり重い。

■2015年7月1日

※基地跡地汚染――国は徹底的な調査継続を

米軍基地返還跡地の沖縄市サッカー場から汚染物質を含むドラム缶が発見された問題で、2015年2月に見つかった17本のドラム缶からもダイオキシン類が検出された。

沖縄防衛局の発表によると、ドラム缶のたまり水（未ろ過水）から廃棄物処理法に基づく排出基準の2100倍のダイオキシンが検出された。公共用水や地下水を対象としたダイオキシン類対策特別措置法に基づく環境基準からは2万1千倍になる。同環境基準は「人の健康を保護する上で維持されることが望ましい」とされるものだ。

たまり水をろ過した後は、環境基準値の150倍に下がったというが、専門家は「（人が触れる可能性がある状態での）2万1千倍という数値は見過ごせない。異常な数値」（池田こみち環境総合研究所顧問）と懸念を示している。指摘を重く受け止めるべきだ。

防衛局は「ドラム缶や底面土壌、たまり水は全て回収した。県の地下水調査や周辺河川、河口の底質調査でも基準値超過はなく、周辺に影響を及ぼす可能性はない」と言うが、不安の払拭には程遠い。

現場を視察した沖縄市議らからは市民生活への影響を懸念する声や汚染土壌の管理を不安視する意見が上がった。当然だろう。

サッカー場から有害物質を含むドラム缶が最初に見つかったのは2013年6月で、これまで108本が発掘された。

2月に発見されたドラム缶の付着物からは発がん性が指摘されるジクロロメタンが、環境省が定める土壌環境基準の45万5千倍で検出されるなど、基準値を上回る複数の有害物質が確認された。

今後は周辺土壌などの処分と共に、国が地下水などの調査を継続して徹底的に行うべきだ。県や市も積極的に関与してほしい。

防衛局はベトナム戦争時に米軍が使用した枯れ葉剤があったかどうかについて「証拠は見つからない」と報告した。だが専門家からは枯れ葉剤汚染の可能性は否定できないとの声がある。納得いく説明を求めたい。

汚染は米軍基地跡地で起きている。本来なら、日本を同盟国と呼ぶ米国が全面的に調査に協力し、汚染の除去にも努めるべきだ。

米軍に跡地の原状回復や補償義務を免除した不平等な日米地位協定の改定が必要だ。それなくして、かつて安倍晋三首相が前面に掲げた「戦後レジーム（体制）からの脱却」はあり得ないはずだ。

■2015年7月2日

※自民党議員の圧力発言――議員辞職しか道はない

自民党所属国会議員の妄言・暴言がとどまるところを知らない。

「マスコミを懲らしめるには広告収入がなくなるのが一番だ」と党の勉強会で発言した大西英男衆院議員（東京16区）は記者団に問われ、再び「（誤った報道をする一部のマスコミを）懲らしめようという気はある」と述べた。

勉強会を主催した木原稔氏（熊本1区）は沖縄全戦没者追悼式典に関し、首相にやじを飛ばした参加者が「動員」によるものだとの認識を示した。

いずれも無知、無理解に基づくものだ。沖縄の2紙を「左翼に乗っ取られている」と放言した長尾敬衆院議員（比例近畿）を含め、うそをまき散らし、憲法で保障された自由を否定する各氏に残された道は議員辞職しかない。

大西氏は自身の発言について、表現の自由を否定するものではないと繰り返し主張している。さらに「マスコミ規制をするとか、言論の自由を弾圧するなんてのは絶対あり得ない」「表現の自由、言論の自由は民主主義の根幹であることを理解している」とも語っている。

権力を持つ側が心掛けるべきことは、少数者の意見や多様な論説を自由に表現できる環境をつくることにある。大西氏は朝日新聞の「従軍慰安婦」誤報問題や安保法制審議で政府と異なる主張をする報道を例に挙げ「懲らしめなければいけないんじゃないか」と発言した。勘違いも甚だしい。言論の府に身を置く人間が、異論を排除しようと発想すること自体、言論の自由に対する抑圧ではないか。

木原氏は初めて参加した全戦没者追悼式が「異様な雰囲気だった」と語っている。例年と異なる状況にあるのが、なぜなのか考えたのだろうか。辺野古の問題をはじめ、国が沖縄の民意をないがしろにし、民主主義の危機にあるからだ。

背景を考察せず「動員」と断じる発想が理解できない。不特定多数に私見を披露するのなら根拠を示してほしい。できなければそれは妄想という。

一連の発言に対し、安倍首相は公明党の山口那津男代表に謝罪したが、あくまで国会審議に影響が出たことへのものだ。国民、沖縄県民に対するものではない。誰にでも言論の自由は保障されているが、妄言や虚言を許容するためのものではない。党内処分や締め付けでなく、首相自身が言論の自由を守り抜く決意を示すべきだ。

■2015年7月5日
※安倍首相謝罪――「異論排除」の体質改めよ

自民党勉強会の報道圧力や沖縄2紙などをめぐる発言に関して、安倍晋三首相は「国民に対し大変申し訳ない。沖縄県民の気持ちを傷つけたとすれば申し訳ない」「最終的には私に責任がある」と述べ、ようやく自らの非を認めた。

勉強会から8日後だ。遅過ぎる。しかも「傷つけたとすれば」という仮定付きだ。真に心から沖縄に向けた言葉かどうか疑わしい。

報道圧力が表面化した翌日、首相は「報道の自由は民主主義の根幹」と語ったものの、謝罪を避け、関係者の処分にも消極的だった。

首相は7月中旬とされる安全保障関連法案の衆院採決を視野に入れ謝罪したのだろう。世論の批判が強く、法案審議が滞りかねないと、問題を収拾させ環境整備を図ろうとの思惑があったと推測される。謝罪はあくまで安保関連法案を優先したものだ。県民より先に公明党に謝罪したことでも明らかだ。

今回の報道圧力問題の根底には「異論は許さない。排除する」という安倍政権の本質が流れている。

安倍政権は「公正中立」を名目に、これまで何度も政治報道に注文を付けてきた。衆院選前の２０１４年11月、テレビ各局に衆院選報道の「公正の確保」を求めた文書を出した。11月下旬にはテレビ朝日のアベノミクス報道を批判し「公平中立な番組づくり」を要請した。

さらに２０１５年4月、党の調査会が報道番組でのやらせが指摘されたＮＨＫと、コメンテーターが首相官邸を批判したテレビ朝日の幹部を党本部に呼んで事情聴取した。

安倍首相自身、官房副長官だった２００１年1月、日本軍「慰安婦」問題を取り上げたＮＨＫ番組に対し、放送前にＮＨＫ理事と面会し、「公正・中立にやってほしい」と注文を付けたこともある。

政権側は「表現の自由は憲法で保障されている」と圧力を否定するが、結果的に報道機関が萎縮し、言論の自由を脅かす恐れをはらむ。

政権や与党議員が、報道が気に入らないから圧力をかけよう、排除しようとするのは、憲法21条が保障する「表現の自由」を踏みにじる行為だ。言論、表現、報道の自由は民主主義の根幹を成すものであり、マスメディアが権力を監視、検証して批判することは当然の責務だ。

これらのことを十分理解し、異論排除の体質、謙虚さを欠いた政権姿勢を改めない限り、真の謝罪とはいえない。

■2015年7月17日
※辺野古検証委員会報告―承認は取り消すしかない

辺野古埋め立てに対する前知事の承認について検証した第三者委員会が「法律的な瑕疵《かし》が認められる」と報告した。新基地建設はついに重大な局面を迎えた。

委員は弁護士や環境の専門家だ。その有識者が1月の委員会発足以来、6カ月もかけて慎重かつ多角的に検証した結果である。翁長雄志知事が言葉通り、報告を「最大限尊重」すれば、やはり承認は取り消すしかない。

在沖米軍が「環境保全策」をほごにした例は枚挙にいとまがない。普天間基地の飛行経路は逸脱が常態化している。オスプレイは日米合意に反して市街地をヘリモードで飛び、高度も守っていないことは自治体の調査で証明済みだ。嘉手納と普天間の両基地は日米合意で夜間・未明は飛行しないはずだが、未明に100デシベル以上の殺人的爆音が響くのもたびたびだ。

公有水面埋立法は環境保全に「十分配慮」することを要件とする。新基地の環境保全措置は、日本政府が示すものの、実際に守るかどうかは米軍次第である。第三者委がこの点を踏まえ、「保全策が適正に講じられたとは言い難く、十分とも認め難い」と指摘したのは納得がいく。

琉球新報
THE RYUKYU SHIMPO
第38255号
2015年（平成27年）
7月17日 金曜日

3 米「辺野古唯一」明記へ
5 観光収入が過去最高
22 県高校野球 戦力分析
35 ピース又吉さん芥川賞
告別式の案内 21

安保法案が衆院
自公強行 9月成立狙う

辺野古承認「瑕疵あり」
第三者委が報告
知事、9月にも取り消し
埋め立て「要件満たさず」

実はこの点は、基地をめぐる最も本質的な指摘である。米軍の姿勢は、ひとえに日米地位協定3条で排他的管理権を米側に認めたことに起因する。日本側が基地の使い方に一切口出しできないという規定だ。ドイツでもイタリアでも米軍は現地の国の法律に従う。日米地位協定は、他国ではあり得ない植民地的規定なのである。

これがある以上、どんな対策もほごになりうる。「適正に講じる」ことは不可能なのだ。

そもそも公有水面埋立法は「埋め立ての必要性」が前提だ。ジョセフ・ナイ元米国防次官補ら多数の米側専門家は、海兵隊が豪州や本国に撤退しても問題ないと述べている。第三者委が言うように「必要性」に「合理的な疑いがある」のは明らかだ。

菅義偉官房長官は早速、「法治国家であり、工事を進める」と述べた。笑止千万だ。知事が承認を取り消せば移設作業は法的根拠を失う。「法治国家」なら、直ちに作業を中止するしかないはずだ。知事が取り消せば、防衛省は知事の処分取り消しを国交省に申し立てると聞く。政府が政府に申し立てる茶番は、この国が「人治国家」であることを示している。

■2015年8月13日
※米軍ヘリ墜落―いつまで災い続くのか

天から災いが降ってくることは、沖縄では空想の類いではない。沖縄戦から70年もたつ。いったいどれほどの時間を不安のままで過ごさねばならないのだろう。

米陸軍のヘリコプターＭＨ60が浜比嘉島《はまひか》の東の海域に墜落した。本土復帰から43年で46回目の墜落だ。年１回以上も墜落があり、着陸失敗などを含めると43年間で５４０件を超す。こんな地域が他にあるだろうか。

折しも菅義偉官房長官が来県し、辺野古新基地建設をめぐる県との集中協議を始めたまさにその日の墜落だ。皮肉と言うほかない。

他県では絶対にあり得ない事態を沖縄に強いている事実。それをまず菅氏は直視すべきだ。その事態を真の意味で取り除くすべは何なのか、虚心に考えてみるがよい。そうすれば、同じ沖縄県内に代替基地を造ることが「負担軽減」などであるはずがないことは、くっきりと見えてくるだろう。

政府はまず同型機の飛行中止を求めてもらいたい。自国民の安全を確保するのは、他国では当たり前の、最低限の要求である。

そもそも事故原因の特定と再発防止策確立までの飛行中止は、民間機なら当たり前の話だ。何も特別な要求ではない。

イタリアでは国内の米軍基地を飛び立つ米軍機はその都度、イタリア当局に申請し、許可を得る。米軍の重要な行動は全て事前にイタリア軍に伝えることになっている。事故を起こした同型機の飛行再開が、イタリア政府の許可なくして行われるはずがない。

それが日本では平然となされている。米軍による基地の使い方に、日本政府が一切口出しできないこと自体、世界的に見ても異常なのである。植民地そのものだ。戦後70年も経てなお植民地であり続けていることがおかしいのだ。

同じ文脈で、事故の検証も日本側が主体的に行うべきだ。ドイツでは国内の米軍基地内もドイツ法を適用する。米軍人・軍属が事件事故を起こせば、ドイツ当局は基地内にも踏み込んで捜査する。同じ敗戦国なのに、いつまでも植民地扱いを許しているのは日本だけなのである。

不幸中の幸いで墜落は洋上だったが、陸上で起きてもおかしくなかった。その危険度を減らすには、飛行場や常駐機、外来機の絶対数を引き下げるしかない。米軍基地の県内移設の不合理は、その意味でも歴然としているのである。

■2015年8月14日

※政府と県、第1回集中協議―どちらに道理があるか

隔たりのある主張の内容自体が、象徴的な意味を帯びていた。

辺野古新基地建設をめぐる政府と県の第1回集中協議での翁長雄志知事と菅義偉官房長官の発言のことである。菅氏は、普天間基地の県内移設を決めた1996年の橋本・モンデール合意が原点だと述べた。一方、翁長知事は、沖縄戦時、住民が避難している間に強制接収したのが原点と訴えた。

この違いは象徴的だ。日米合意を重視する菅氏の発言は、両政府の決定だから沖縄も従えという意味であろう。これに対し翁長氏は、沖縄戦以来の長い軍事植民地状態を問題視している。人道に照らして何が正義なのかと訴えているのである。

歴史の射程の長さが違う。覚悟が違う。どちらに道理があるかは、火を見るより明らかだ。

知事は「自分が奪った基地が世界一危険になり、老朽化したから、またおまえたち（沖縄）が出せとは、こんな理不尽なことはない」と述べた。沖縄が強いられる理不尽を的確に表したと評していい。

安全保障についての論点の深さも際立っていた。日米両政府は海兵隊が沖縄に駐留する必要性の根拠として機動性・即応性を挙げるのが常だ。しかし知事は、海兵隊員の移動手段である強襲揚陸艦が佐世保を母港としていることに触れ、揚陸艦と一体でない沖縄駐留は機動性を欠くと指摘した。

沖縄に基地が集中する現状では、中国のミサイルわずか1、2発で全軍が壊滅的な被害を受けかねない。知事は、そうした脆弱性に関する米側専門家の見解も紹介した。沖縄への基地偏在の軍事合理性欠如を論理的に指摘したのである。

これらの論点に対し、これまで日本政府は何一つ論理的な反論を行っていない。この日も菅氏は全く言及しなかった。むしろ、言及できなかったのであろう。

菅氏は、辺野古移設が普天間の危険除去だと強調するばかりだった。だが、これが沖縄の危険除去になどならないことは、この日のヘリ墜落が実証している。これで「危険除去」などと、菅氏は自ら発言して忸怩《じくじ》たる思いが湧かないのだろうか。

知事が言う通り、政府が負担軽減の証しとする嘉手納より南の基地返還が実現しても、米軍専用基地の沖縄への集中度は73・8％からたった0・7ポイントしか減らない。もはや県内移設をのませる材料はどこにもないと政府は悟るべきだ。

■2015年9月8日

※辺野古協議決裂—尊厳かけ粛々と承認取り消せ

相手の話に耳を傾けて、違いや溝を埋めるために話し合い、一致点を見いだすよう努める。それが協議の意味のはずである。米軍普天間飛行場の名護市辺野古移設を伴う新基地建設をめぐる県と安倍政権の集中協議は、完全な平行線をたどり、安倍晋三首相が出席した5回目で決裂した。

協議全体を通して、安倍政権側は「辺野古が唯一の解決策」と呪文のように繰り返すばかりだった。木で鼻をくくったような言い分を翁長雄志知事が受け入れるか否かと迫るだけの構図は協議の名に値しない。国策の押し付け、恫喝《どうかつ》に等しい。決裂の責任は安倍政権にある。

安倍首相や菅義偉官房長官が「知事に理解を求める」という言葉をいくら繰り出しても、実態は沖縄を屈従させるしかないという差別をまとった強権的姿勢と思考停止があぶり出されただけだった。

米軍による土地強奪の陰影が濃い沖縄戦後史、「抑止力」など新基地の必要性をめぐる虚構、新基地拒否の強固な民意など、翁長知事は意を尽くして沖縄の立場を説いた。だが、沖縄の尊厳を懸けた知事の主張に対し、安倍政権は徹頭徹尾、聞き置くだけにとどめた。

仲井真弘多前知事による埋め立て承認にしがみつくばかりで、その後の名護市長選、名護市議選、天王山の県知事選、衆院選で新基地拒否の候補者が圧勝したことについては一度も言及はなかった。

翁長知事に理解を得る努力をした形跡を残すアリバイにし、国民を抱き込むことはやめた方がいい。安保関連法案審議からうかがえる、国民を見下した政権の品格を一層おとしめるだけである。

菅官房長官は埋め立て作業の再開を知事に通告した。1カ月間の集中協議の行方に気をもんでいた県民は逆に視界が開け、すっきりしたのではないか。沖縄にとって駄目なものは駄目なのだと。

翁長知事は「全力を挙げて阻止する」と即座に対抗した。さらに「お互い別々に今日まで生きてきたんですね。70年間」と述べ、沖縄を同胞扱いしない政権を痛烈に批判した。県民の心情を代弁していよう。

知事は粛々と埋め立て承認の取り消しに踏み出せばいい。国連での演説、県民投票など、新基地建設を止めるあらゆる手段を国内外で緻密に駆使してほしい。民主主義的正当性を深く認識し、誇りを懸けて抗《あらが》う県民が支えるだろう。

■2015年9月13日

※辺野古工事再開―民主主義踏みにじる愚行

政府は、米軍普天間飛行場の名護市辺野古移設に向け、県との集中協議のため1カ月中断していた新基地建設へ向けた関連工事を再開した。

県が新基地建設の中止を求め続ける中、政府は工事再開を強行した。極めて遺憾だ。安倍政権は沖縄の民意を一貫して無視し、民主主義を踏みにじる愚行をいつまで重ねるのか。怒りを禁じ得ない。

沖縄防衛局は「政府と県の集中協議期間が終了し、県の調査も終了したため、再開した」と説明しているが、工事を加速し、新基地建設の既成事実化を図るのが狙いだろう。来週にも埋め立て工事の前段となる海底ボーリング調査を再開する予定だ。

新基地建設をめぐる県と安倍政権の集中協議は、完全な平行線をたどり、安倍晋三首相が出席した5回目で決裂した。

政府側は、前知事による埋め立て承認に固執するばかりで、その後の名護市長選、同市議選、県知事選、衆院選で新基地建設拒否の候補者が圧勝し、沖縄の民意が何度も示されたことについて言及はなかった。本来なら政府は県と真摯に向き合い、民意を直視すべきだったはずだ。

協議は最初から結論ありきで、翁長雄志知事に理解を得る努力をした形跡を残すアリバイづくりだったと言われても仕方あるまい。

翁長知事は、前知事による辺野古沿岸部の埋め立て承認の取り消しを14日にも表明、必要な手続きに着手する方針だ。

弁護士や環境学者ら有識者の第三者委員会は既に、手続きに「瑕疵あり」との報告書を提出している。政府の強硬姿勢に対抗するため、翁長知事はそれに基づき、埋め立て承認の取り消しを速やかに行えばよい。妥協や取引することなく、普天間飛行場の即時無条件全面返還を政府に要求すべきだ。

政府は「辺野古が唯一の選択肢」とかたくなな姿勢を取り続けている。だが新基地建設の反対運動は県内ばかりでなく、国内、海外でも草の根レベルで盛り上がっている。12日午後に行われた国会包囲行動には2万2千人（主催者発表）が参加し「辺野古新基地ノー」の声を上げた。世界の識者109人も新基地阻止に賛同している。

翁長知事は21、22の両日に国連人権理事会で演説する。そこで沖縄の民主主義的正当性を強く訴え、民意を無視する日本政府の理不尽さを内外に示してほしい。

■2015年9月15日
※知事、承認取り消し表明―岐路に立つ沖縄の尊厳

沖縄は抜き差しならない重大な局面に入った。

翁長雄志知事は辺野古新基地建設をめぐり、前知事の埋め立て承認の取り消しに向け手続きを始めた。就任後最大の行政権限行使だ。政府が対抗措置を取るのは確実で、法廷闘争に突入する。

これは単なる基地の問題ではない。沖縄が、ひたすら政府の命ずるままの奴隷のごとき存在なのか、自己決定権と人権を持つ存在なのかを決める、尊厳を懸けた闘いなのである。知事はもちろん、われわれ沖縄全体が今、近代以来の歴史の分岐点に立っている。

◆耳疑う発言

ここまでを振り返る。前知事仲井真弘多氏は、米軍普天間飛行場の県外移設を公約にして2010年、

号外

琉球新報

THE RYUKYU SHIMPO

2015年(平成27年)
9月14日(月)

発行所 琉球新報社
郵便番号 〒900-8525
那覇市天久905番地

辺野古 承認取り消し

知事、最大権限行使

対立激化、法廷闘争も

翁長雄志知事は14日午前10時から県庁で記者会見し、米軍普天間飛行場の移設に伴う名護市辺野古の新基地建設について、前知事の埋め立て承認を取り消すことを表明した。同日、沖縄防衛局へ意見聴取を行うための文書を発出した。約1カ月後に正式に取り消す。翁長知事は昨年の知事選以降、埋め立て承認の取り消しや撤回などに言及して新基地建設を阻止することを表明しており、これまでで最大の行政権限行使となる。知事は会見で「第三者委の検証結果報告を受け、関係部局で精査してきた。その結果、承認には取り消しうべき瑕疵《かし》があるものと認められた。今後もあらゆる手法を駆使して、辺野古に新基地は造らせないという公約の実現に向け、全力で取り組む」と述べた。

普天間問題をめぐって翁長知事は県外・国外移設を主張し、辺野古新基地建設の見直しを政府に要求してきた。新基地建設を進める政府との立場がすれ違う中、8月10日から1カ月を期限に、県と政府の集中協議の場が5回設けられたが、協議は決裂した。

政府は12日、集中協議に伴い停止していた新基地建設作業を再開した。10月にも本体工事に着手することを検討している。県側は政府が新基地建設を止めない姿勢が鮮明になったとして、取り消しに踏み切ることを決めた。

政府は辺野古新基地建設に関して、2013年12月に仲井真弘多前知事から承認を得たことを理由に作業を行っており、取り消しでその法的根拠が失われる。一方、政府は知事が承認を取り消しても工事を止めない方針を表明しており、取り消し後には、その有効性について県と政府が法廷闘争に入る可能性が高い。

翁長知事が1月に設置し、法律や環境の専門家で構成する第三者委員会は7月16日、前知事の埋め立て承認に「瑕疵《かし》があった」とする報告書を知事に提出していた。

再選された。だが2013年末、「辺野古移設に反対とは言っていない」という詭弁を弄し、公約をひるがえして新基地建設の埋め立てを承認した。病気と称して都内の病院に入院し、その病院をこっそり抜け出し菅義偉官房長官らと密会した揚げ句のことだ。政府がどう説得したかは知らぬ。いずれにせよ民主主義的正当性と透明性を欠く承認だった。

2014年、新基地反対の翁長氏が知事に当選したが、政府は作業を強行した。県の第三者機関が2015年7月、前知事の承認に瑕疵があるとの報告をまとめ、承認取り消しが秒読みになると、政府は県との集中協議に入り、協議が決裂すると即座に作業を再開した。それを受けての知事の決断なのである。

政府は地方自治法に基づき、取り消し処分の是正を県に指示するだろう。指示に従わないと訴訟を提起し、代執行に持ち込もうとするはずだ。最高裁の「統治行為論」に見られるように裁判所は政府寄りの判示を繰り返しているから、その訴訟も沖縄側にとって厳しいと予想される。その上でなお反対を堅持し、建設を阻止できるか、知事だけでなく沖縄全体が問われる。

それにしても今回の政府の発言には耳を疑う。安倍晋三首相は即座に移設作業を「進めていく」と明言した。菅氏は知事の対応について「普天間の危険性除去に関する政府や沖縄の努力を無視しており、非常に残念だ」と述べた。相手の意思を「無視」し、問答無用で行動したのはどちらの方か。「加害者」が「被害者」を装うのはやめてもらいたい。民意を踏みにじる政府の強権姿勢がここまであからさまなのも珍しい。しかし、逆説的だが、沖縄に対する政府の本当の姿を明らかにしたという「効用」もあった。

◆「道具」の再現

1879年、明治政府は、武力を用い、独自の王国だった琉球を強引に併合した。太平洋戦争では本土決戦を先延ばしにするため沖縄を「捨て石」にした。戦後、講和条約を結ぶ際には、自らの独立と引き換えに、沖縄を米軍の占領統治下に差し出した。

普天間飛行場は県内のほとんどの基地と同様、沖縄戦で住民が収容所に入れられている時に米軍が勝手に建設したものだ。それ以外の基地は、１９５０年代、「銃剣とブルドーザー」で米軍が家や畑を強制接収して造ったものである。

沖縄の住民が自ら差し出して建設された基地など一つもない。

近代以降の歴史を通じて沖縄は、その意思をついぞ問われないまま、常に誰かの「道具」にされ続けた。今回の政府の姿勢はその再現である。沖縄は今後も民意を聞くべき対象ではないとする意思表示にほかならない。

例えて言えば、あの過酷な原発事故の後、地元町長も知事も反対しているのに、政府が新たな原発建設を福島県で強行するようなものだ。こんな位置付けは、沖縄県以外では不可能だ。沖縄は今後もこうした位置付けを甘受するか否かが問われているのである。

知事は国連でこうした扱い、歴史的経緯を演説するはずだ。厳しい環境にあってわれわれは「諸国民の公正と信義に信頼」するほかない。粘り強く、沖縄も自己決定権と人権を持つ存在だと訴えたい。

■2015年9月23日

※知事、国連演説―政府は重く受け止めよ

「沖縄の人々の自己決定権がないがしろにされている……」。冒頭の言葉に全てが集約されている。沖縄の県知事が国連の場に出向いてでも訴えざるを得なかった現実を、政府は深刻に受け止めるべきだ。

翁長雄志知事がスイスのジュネーブで開かれている国連人権理事会で演説した。沖縄に米軍基地が集中し、基地問題が県民生活に大きな影響を与える中、選挙で何度も示された民意に反して新基地建設が強行されようとしている実態を説明した。戦後70年たっても続く沖縄の不条理を知事自らが国連で訴えたのは画期的だ。

◆基地問題の原点

翁長知事が演説で強調したのは「沖縄の米軍基地は第二次大戦後、米軍に強制接収されてできた。沖縄が自ら望んで土地を提供したものではない」という点だ。

沖縄戦後、米軍は住民を収容所に集め、その間に基地を造った。１９５０年代には基地拡張のため「銃剣とブルドーザー」で強制的に住民の土地を取り上げた。占領下での民間地奪取を禁ずるハーグ陸戦条約に違反する非人道的な手法であり、沖縄の基地は人権や自己決定権が踏みにじられる中で形成された歴史的事実がある。

ところが現在でも米軍普天間飛行場の移設計画で同じことが繰り返されようとしている。これに関し翁長知事は「自国民の自由、平等、人権、民主主義を守れない国がどうして世界の国々と価値観を共有できるのか」と突き、新基地建設阻止に向けた決意を示した。

国連人権理事会は、加盟国の人権状況を監視し改善を促すため、２００６年6月に発足した国連総会の下部機関だ。年3回以上会合が開かれ、今回はシリアや北朝鮮の人権問題、欧州に流入する難民問題などが議論されている。

各国政府や非政府組織（NGO）の報告が続く中、翁長知事の演説は約2分だったが、短い時間で基地問題の原点と現状を的確に伝えられたのではないか。

聴衆からは「沖縄の悲惨さに驚きと同情を禁じ得ない」（在ジュネーブのエジプト人作家）、「沖縄県民とは痛みと不幸を分かち合うことができる」（日本の戦争責任を問うオランダの財団幹部）といった声が上がった。

戦後70年の節目に、日米安保体制下で基地押し付けの構造的差別にあえいできた沖縄の知事が、国際世論にその不正義性と理不尽さを訴えた意義は非常に大きい。

◆必然性乏しい新基地

翁長知事の演説に対し、日本政府は会場から反論した。発言したジュネーブ国際機関政府代表部の嘉治《かじ》美佐子大使は「日本の国家安全保障は最優先の課題だ。辺野古移設計画は合法的に進められている」などと主張した。

基地形成の歴史や自己決定権侵害に対する翁長知事の問いに、直接答えたものとは言えない。

政府は「人権問題の場で辺野古移設はなかなか理解されない」（菅義偉官房長官）と知事をけん制したが、沖縄の基地問題は優れて人権問題であることは明白だ。「移設計画が合法的」というが、公約に反して埋め立てを承認した前知事が選挙で大敗した結果を無視し、計画を強行すること自体が民主主義に反する行為である。

中国のミサイル射程内にある沖縄での海兵隊基地の新設には、米知日派の重鎮らでさえ疑問の声を上げる。だが新基地の必然性に対するこうした指摘を、政府はまともに取り合ってこなかった。

だからこそ翁長知事は国連に行かざるを得なかったのだ。政府は知事の演説を今こそ正面から受け止めるべきだ。現行移設計画に固執するようなら国際世論からも厳しい批判が向けられよう。日本と歩調を合わせ「辺野古が唯一」と繰り返す米政府も同様だ。

演説で知事は「世界中から関心を持って見てください」と呼び掛けた。歴史を刻んだ今回の成果を踏まえ、今後は日米両政府との粘り強い協議と並行し、国際世論への継続的な発信も求められよう。

■2015年10月8日

※安倍改造内閣――「失望」の二文字しかない

新鮮味が薄いだけでなく、沖縄にとっては不安な布陣としか言いようがない。第3次安倍改造内閣の顔ぶれのことだ。

政権運営の継続性を重視する首相の立場から、主要閣僚がほぼ留任した。中でも沖縄基地負担軽減担当を兼任する菅義偉《すがよしひで》官房長官、岸田文雄外相、中谷元《なかたにげん》・防衛相の留任には「失望」の二文字しか浮かばない。いずれも辺野古新基地建設を強引に推し進める人物ばかりだ。新内閣でも沖縄の民意と向き合うつもりはないと宣言したに等しい。

沖縄担当相に島尻安伊子《しまじりあいこ》氏を起用したことも同様だ。

県関係・選出議員では1991年の伊江朝雄《いえともお》氏、93年の上原康助《うえはらこうすけ》氏、2012年の下地幹郎《しもじみきお》氏に次いで

4人目となる。女性では初めての大臣就任となる。

沖縄から中央に直接通じるパイプができたことは喜ばしい。ただ島尻氏の過去の発言を見ると、懸念も禁じ得ない。

島尻氏は2010年参院選で普天間飛行場の「県外移設」を公約に掲げながら、13年には公約を翻して辺野古移設容認を表明した。

辺野古移設阻止を掲げる稲嶺進名護市長に対して「権限の乱用」と中傷し、辺野古での市民の反対運動を弾圧するかのように政府に対策を促したこともある。

基地問題だけでなく、国内外をターゲットにした経済・観光振興など沖縄には課題が山積している。沖縄にとって時代の転換点ともいえる重要な時期だけに、島尻氏は国の代弁者としてでなく、地元の視線で働いてもらいたい。

沖縄は非正規雇用や待機児童の多さなど生活に密着した課題もある。かつて選挙戦で「台所から政治を変える」と宣言した島尻氏は、真に生活者の視点に立って課題解決に取り組んでもらいたい。

一方で屋上屋を架すような人事も首をかしげる。

首相肝いりの「1億総活躍」担当相は地方創生や経済再生など他の大臣と所管が重複する可能性もある。看板倒れにならないか見極めたい。

「1億総活躍」にも通じるが、首相から「女性登用」など聞き心地のよい言葉を連ねる例が目立つ。内閣改造には安保関連法やTPPといった批判や疑問が多い政策から、国民の目をそらす政権の意図が見え隠れする。国民本位と言うならば、まずは国民、沖縄県民と向き合う姿勢を首相は示すべきだ。

■2015年10月14日

※承認取り消し—「民意」実現の出発点に

米軍普天間飛行場の移設に伴う名護市辺野古沿岸部への新基地建設をめぐり、翁長雄志知事が前知事の埋め立て承認を取り消した。

沖縄の将来を見据え、新基地建設阻止への決意を示す意義ある一歩として高く評価したい。

裁判などで問題解決までには長い道のりが予想される。だが、新基地建設反対の民意は圧倒的であり、土地を同意なく奪って建設した普天間飛行場の形成過程からしても、理は知事にある。

阻止運動を県外、国外に広げ、新基地建設断念と普天間飛行場の閉鎖を勝ち取る新たな出発点に、承認取り消しを位置付けたい。

◆犯罪的な行為

知事は埋め立て承認取り消し後の会見で、普天間飛行場は戦後、県民が収容所に入れられている間に、強制接収されて建設されたことをあらためて強調した。その上で「辺野古に移すということは、土地を奪っておきながら代わりのものも沖縄に差し出せという理不尽な話」と批判した。普天間飛行場が国際法に反して建設されたことは明らかである。知事の批判は当然だ。

ところが、菅義偉官房長官は知事の承認取り消しを「沖縄や政府が重ねてきた普天間飛行場の危険性除去の努力を無にするものだ」と批判した。「政治の堕落」を指摘されたことから何ら学んでいないと言わざるを得ない。車の窃盗犯が、持ち主である被害者に「古くなった車を返すから新車をよこせ」と開き直るような姿勢は改めるべきである。

政府はそんな犯罪的な行為を国民の面前で恥ずかしげもなく行っているのである。これで法治国家と言えるだろうか。官房長官が知事を批判するなど、筋違いもはなはだしい。

官房長官が言うように、政府はこれまで普天間飛行場の危険性の除去に努力してきただろうか。

新基地は完成までに10年かかるとされる。危険性を除去し、固定化させないための辺野古移設としながら、10年間は固定化し、危険性もその間放置されるのである。政府が真剣に危険性除去を考えるならば、直ちに普天間飛行場を閉鎖すべきだ。そうしないのは県民軽視以外の何物でもない。

普天間飛行場の危険性除去や固定化回避を持ち出せば、新基地建設に対する県民の理解が得やすいといった程度の認識しかないのではないか。

前知事の埋め立て承認の条件ともいえる普天間飛行場の5年以内の運用停止の約束も、ほごにしている。政府の言う「努力」はこの程度のものでしかない。

◆普遍的な問題

本来ならば、知事の承認取り消しを政府は重く受け止め、新基地建設の作業を直ちに停止すべきである。しかしそのような常識が通用する政府ではないようだ。

中谷元・防衛相は「知事による埋め立て承認の取り消しは違法」と述べ、国交相に知事の承認取り消しの効力取り消しを求める不服審査請求と執行停止申し立てを速やかに行うとしている。

同じ政府機関が裁決して公正を保つことはできない。政府側に有利になる可能性は極めて高い。これが官房長官の言う「わが国は法治国家」の実態である。

新基地建設は沖縄だけの問題ではない。普遍的な問題を包含している。新基地建設に反対する圧倒的な民意を、政府は踏みにじろうとしている。日本の民主主義が問われているのである。日米同盟を重視し、民意は一顧だにしない政府を認めていいのかが突き付けられているのである。優れて国民的問題だ。

知事は「これから節目節目でいろんなことが起きると思う」と述べている。新基地建設問題の本質をしっかり見極めてほしいということだ。そのことを深く自覚し、声を上げ続けることが今を生きる私たちの将来世代に対する責任である。

■2015年10月21日

※あの県民大会から20年—尊厳守れぬ現実の直視を

静かな憤りに満ちた、あの張り詰めた空気の記憶は今も鮮明だ。あれから20年。変わらぬ現状に、名状しがたい感情が湧く。

米軍人による少女乱暴事件に抗議するため8万5千人（主催者発表）が結集した10・21県民総決起大会からきょうで20年となった。あの大会で何を誓ったか。あらためて思い起こしてみたい。

大田昌秀知事（当時）は大会でこう述べた。「行政を預かる者として、本来一番に守るべき幼い少女の尊厳を守れなかったことをおわびします」

今日はどうか。基地集中は変わらず、住居侵入などの犯罪は今も毎日のように繰り返される。在日米軍構成員の犯罪は例年、47都道府県中30県近くは発生ゼロだが、全体の半数は毎年沖縄に集中する。差別の構造は歴然としている。われわれは「尊厳」を守れる状態に何ら近づいていないという現実を、揺るがずに直視したい。

あの事件では、あれほど悪質な犯罪者であっても、基地に逃げ込めば逮捕もできなかった。大会の視線は日米地位協定の犯罪隠蔽的在り方にも向けられていたのだ。

その後、地位協定は「運用改善」された。だが内容は、身柄を引き渡すかどうか、米軍の「好意的考慮」に委ねるというものだ。「考慮」の結果、拒否できるし、現に拒否した例もある。しかも「考慮」の対象は殺人と強姦だけ。放火犯も強盗犯も、基地内での証拠隠滅は今も十分可能だ。複数犯なら、いくらでも口裏合わせができる。正義が実行されない状態もまた当時と何ら変わらないのである。

大会で決議した「基地の整理縮小」は翌年、米軍普天間飛行場の返還合意をもたらした。だがその合意は今も絵に描かれただけの「果実」で、現実ではない。

「沖縄の基地負担軽減」はいつの間にか「負担を同じ沖縄に移す」話になった。翁長雄志知事の言うように「強奪した基地が老朽化したから、代わりを差し出さない限り返さない」というのが日米両政府の態度だ。

大会当時と違うのは、今の政府はそれを恬《てん》として恥じないということだ。20年を経てわれわれは、当時よりなおいっそう傲然たる政府と対峙しているのである。

大会は県民一丸のものだった。新基地建設問題が正念場を迎えた今、政府は露骨に県民の分断を図っているが、結束が力になるという大会の教訓を思い起こしたい。

■2015年10月24日

※辺野古・国委員重複—建設計画の撤回しかない

「環境専門家」の権威はもはや地に落ちた。辺野古の環境保全など望むべくもないのは明らかだ。

米軍普天間飛行場の代替となる名護市辺野古の新基地建設事業で、環境保全措置を客観的に指導・助言するために沖縄防衛局が設置した「環境監視等委員会」委員13人のうち7人が、2012年の環境影響評価（アセスメント）の評価書補正に関する防衛省の有識者研究会の委員を務めていた。

環境アセス段階では保全措置などについて提言し、その後は自らの提言措置などに「指導・助言」する立場に回っていたことになる。防衛省は「委員会は公平中立の立場から議論が行われている」と説明するが、まるで説得力がない。

7人のうち荒井修亮京都大教授と原武史全国水産技術者協会理事長の2委員は、新基地建設事業を多数受注する建設環境コンサルタント会社「いであ」（東京都）との共同研究で天然記念物ジュゴンの保全システムを開発していた。

その共同研究を基に辺野古沖のジュゴン保全措置が作成され、環境監視委で審議されたが、異論は出なかったという。これで保全策はお墨付きを得たことになるのか。甚だ疑問だ。

荒井委員には「いであ」から800万円の寄付があり、原委員には同社関連法人から年間200万円超の報酬が支払われていた。

環境監視委の7人がアセスの研究会と同じ人物であることに防衛省は「専門分野などを勘案し、建設事業の環境保全措置に知見を有するアセス研究会委員に引き続き携わってもらった」と説明した。

受注業者からの金銭支援などの事実と併せて、この説明に納得のいく人はどれほどいるだろうか。これで審議の客観性や中立性が疑われない方がおかしい。

この問題をめぐっては、沖縄防衛局がジュゴン保全の業務を、環境監視委の運営業務と一くくりにして発注し、これを「いであ」が受注していたことも発覚した。同社には防衛省ＯＢが天下っていることも分かっている。何をか言わんやだ。辺野古の環境保全をだしにした利権の構図が浮かび上がる。

環境監視委は前知事による埋め立て承認の際に条件とされ、２０１４年４月に発足したものだ。環境保全手続きのいい加減さが明らかになった以上、政府は新基地建設の計画自体を撤回することが筋である。

■2015年10月28日

※知事の承認取り消し効力停止—許せぬ「民意」への弾圧

権力を乱用した民意への弾圧としか言いようがない。

国は、翁長雄志知事が「新基地建設反対」の民意に基づき前知事の埋め立て承認を取り消した処分の効力を停止した。併せて国による代執行に向けた手続きを進め、県に是正勧告することも決めた。

民意を踏みにじるもので、許されるものではない。県が勧告に従う必要性は一切ない。

最終的に、県と国が新基地建設の是非を法廷で争うことになる。裁判での決着に向けて踏み出したのは国の側である。司法判断が出るまで作業再開は認められない。

◆恥ずべき二重基準

石井啓一国土交通相は取り消し処分の効力を停止した理由について「普天間飛行場の移設事業の継続が不可能となり、（普天間）周辺住民が被《こうむ》る危険性が継続する」と説明している。

住民の安全を考えているように装うことはやめるべきだ。新基地は完成まで10年かかるとされる。10年がかりの危険性除去などあり得ない。普天間飛行場を即時閉鎖することが唯一の解決策である。

沖縄防衛局が取り消し処分の執行停止と、処分の無効を求める審査請求を国交相に申し立てたのに対し、知事はほぼ同じ内容の弁明書と意見書を国交相に送った。だが国交相は効力停止を決定しただけで、審査請求の裁決は出していない。知事が3月に全ての海上作業の停止を防衛局に指示した際の農相と同様、国交相も作業が継続できるようにし、裁決は放置する考えだろう。恣意的な行政対応であり、許されるものではない。

行政不服審査法に基づき、知事の取り消し処分の無効を求めて審査請求する資格は、そもそも防衛局にはない。請求制度は行政機関から「私人」への不利益処分に対する救済が趣旨である。「私人」ならば、米軍への提供水域を埋め立てできないからだ。このことからも防衛局に資格がないのは明らかだ。

また菅義偉官房長官は代執行に向けた手続きに着手することを決めたことに関し「外交・防衛上、重大な損害を生じるなど著しく公益を害する」と述べている。

県民は外交・防衛の犠牲になれと言うに等しい。県民は戦後70年にわたり、米軍基地の重圧に苦しんできた。県民の「重大な損害」は一顧だにせず、過重な基地負担を押し付ける姿勢は、知事の言う「政治の堕落」そのものだ。

知事権限を無力化するために、行政機関として代執行の手続きに着手する一方で、「私人」の立場も装う。恥ずべき二重基準を使ってでも新基地建設を強行する政府のやり方には強い憤りを禁じ得ない。

◆圧政には屈しない

国の一連の強権姿勢は、1995年の米軍用地強制使用手続きに関する代理署名訴訟を想起させる。県側の敗訴となったが、訴訟を通して強大な権力を持った国の言うがままになっていては、望ましい沖縄の将来像は描けないことを多くの県民が認識した。

知事の代理署名拒否を受けて国は1997年に軍用地の使用期限切れに対応するため、米軍用地特措法を改正し、暫定使用ができるようにした。沖縄の米軍基地維持のためには、あらゆる手段を講じる姿勢は何ら変わっていないのである。

1999年の地方自治法改正で、国と地方は対等の関係になった。だが、沖縄でそれを実感することはできない。国が沖縄の声を踏みにじっていることが要因である。

知事選をはじめとする一連の選挙で示された「新基地は造らせない」との圧倒的民意を国が無視し続けることは、どう考えても異常だ。沖縄からは圧政国家にしか見えない。

自己決定権に目覚めた県民は圧政には屈しないことを国は認識すべきだ。日米安保のため、沖縄だけに過重な負担を強いる国に異議申し立てを続けねばならない。国を新基地建設断念に追い込むまで、揺るがぬ決意で民意の実現を目指したい。

■2015年10月30日

※新基地本体工事着工—民意無視の強権政治だ

防衛省は名護市辺野古への新基地建設の本体工事に着手した。中断していた海底ボーリング（掘削）調査も再開した。翁長雄志知事が指摘するように「強権極まれり」という異常事態である。

これほど一地方を標的とした政治的暴力があっただろうか。「公益」を名目に地方の声を踏みにじる。まさしく民主主義の破壊だ。

民主的な行政手続きによる県の埋め立て承認取り消し、非暴力の理念を踏まえた市民の抗議行動を安倍政権は黙殺した。

国策への隷属《れいぞく》を民に強いる前時代的な強権政治を断じて許すわけにいかない。

◆沖縄を「弊履《へいり》」扱い

日米同盟の肩代わりに沖縄の民意を切り捨てるような非道は、サンフランシスコ講和条約による沖縄切り捨てに比すべき不条理と言えよう。このような歴史の桎梏から逃れたいという県民の訴えを政府はことごとく退けてきた。

1971年11月、沖縄返還協定が衆院特別委員会で強行採決された際、屋良朝苗行政主席は破れた草履《ぞうり》を意味する「へいり（弊履）」という言葉を使い、「沖縄県民の気持ちというのはまったくへいりの様にふみにじられる」と日記に記した。

本体工事着工の報道に集まってきた市民らを強制排除する警察官に抗議する辺野古の住民・島袋文子さん（2015・10・29／キャンプ・シュワブゲート前）

安倍政権の姿勢は、まさに沖縄を「弊履」のように扱うものだ。

その態度は、普天間飛行場所属のＭＶ22オスプレイの佐賀空港での訓練移転計画を防衛省が取り下げたことにも表れている。

米国と地元の理解が得られないことが取り下げの理由だ。菅義偉官房長官は「知事など地元からの了解を得るのは当然だ」と述べた。

沖縄では反対を押し切ってオスプレイを強行配備し、新基地建設を強行しているのに、佐賀では「地元の了解」は必須という。このような「二重基準」を弄するような行為は県民を愚弄するものだ。

名護市の久辺《くべ》3区（久志・辺野古・豊原区）を対象とした防衛省の振興費拠出もそうだ。地方自治への露骨な介入であり、住民分断を意図した米統治時代の「高等弁務官資金」の再来を思わせる。

住民分断は植民地統治の常とう手段だ。戦後70年を経て、安倍政権は沖縄を植民地視していると断じざるを得ない。

明治の言論人太田朝敷《ちょうふ》は「琉球処分」後の沖縄は植民地的な「食客《しょっかく》」の位置に転落したと嘆いた。安倍政権の沖縄政策は、沖縄を「食客」の位置に固定するものだ。

本体工事の着手は、民意を無視し、地方自治をじゅうりんする安倍政権の専横が最も露骨な形で沖縄に襲い掛かったものだ。

これは沖縄だけの問題ではない。全国民が安倍政権の本質と厳しく対峙しなければならない。

◆政府の焦燥感の表れ

県の承認取り消しの効力停止、国の代執行に向けた是正勧告に続く工事着手という政府の一連の動きはまさしく常軌を逸している。

翁長知事が「国は余裕がなく、浮足立っている感じもする」と指摘するように、矢継ぎ早の対抗策は政府の焦燥感の表れと見ることもできる。

条理にかなった沖縄の抵抗によって政府は守勢に回ったとも言える。今後の法廷闘争でも県民の英知を結集した論理展開で国の不正義を厳しく追及したい。

1996年の代理署名訴訟の最高裁判決は補足意見で、沖縄の基地負担軽減に向け「日米政府間の合意、さらに、日本国内における様々な行政的措置が必要であり、外交上、行政上の権限の適切な行使が不可欠」と指摘し、政府の責任に言及している。

それから19年が過ぎても基地負担の軽減が進んでいないのは、政府が「権限の適切な行使」を怠ったためだ。

今回の本体工事着手は政府に課せられた責任をかなぐり捨てる行為に他ならない。その自覚があるならば、直ちに工事をやめ、新基地建設計画を断念すべきだ。

私たちは、民主主義と地方分権に立脚し「自制なき政権」に歯止めをかけなければならない。それは沖縄だけではなく国民全体の課題であるべきだ。

■2015年11月3日

※県の不服申し出―政府の矛盾こそ審査せよ

米軍普天間飛行場移設に伴う辺野古新基地建設で、知事の埋め立て承認取り消しに対する国土交通相の執行停止を不服として、県が「国地方係争処理委員会」に審査を申し出た。これは、日本が公正な国であるかが問われる局面である。

なぜこれが公正な国か否かの指標になるかと言えば、国家の不公正性を疑わせることがあったからだ。

言うまでもなく国の執行停止決定のことだ。

翁長雄志知事の承認取り消しに対し、沖縄防衛局は「行政不服審査法」に基づき国交省に「執行停止」を申し立て、石井啓一国交相は執行停止を決定した。

申し立てた防衛省も受け取った国交省も同じ政府だ。右手で出した書類を左手で受け取るようなものである。まさに茶番劇だ。どこに公正性があろう。

国内の行政法研究者93人は共同で「行政機関が審査請求することを行政不服審査法は予定していない」とし、「執行停止」は不適法との声明を出した。防衛局の申請を「私人になりすまし」と批判し、「法治国家にもとる」とまで断じている。

法の専門家がここまで言い切るのだ、不公正性は歴然としている。

「係争処理委」は第三者機関だ。やっと公正な判定の場に移ったと言える。だが地方自治法は「裁決」や「決定その他の行為」は同委員会の対象外と定める。だから門前払いとなる恐れもある。

そうなれば、政府による決定の適法性を国と地方が争った場合、第三者機関が判断する機会を逸することになる。だから「国としての公正性が問われる」のである。

その入り口論より、むしろ「私人になりすまし」の適格性こそ、厳格に審議すべきであろう。

それにしても政府の理屈は奇怪だ。現在の普天間飛行場の危険性除去は「緊急性」が高いから、数年かかる移設作業を止めてはならず、取り消しを執行停止するというのである。

そこまで言うなら、普天間の「5年内運用停止」をなぜまだ米国に要求しないのか。オスプレイの飛行ルール逸脱も、深夜・未明のヘリ飛行も改善を求めないのはなぜか。支離滅裂もはなはだしい。委員会はこの矛盾こそ審査すべきだ。

翁長知事は会見であらためて「(新基地建設を)あらゆる手段で阻止する」と述べた。今後いくつもの法廷闘争に入るだろう。知事一人の思いではなく、民意が不退転だからである。この民意の重みを政府はやがて思い知るはずだ。

■2015年11月5日

※辺野古崎に土器―法治国家なら法の順守を

埋蔵文化財は私たちの来し方を探る最大の手掛かりである。ウチナーンチュ（沖縄人）とは何かを知る大きな手掛かりを、生かさない手はない。

名護市辺野古の新基地建設の埋め立て予定地内で土器や石器が発見された。2015年2月にこれも埋蔵文化財「碇石《いかり》」が見つかった現場の近くだ。ここが新たな遺跡と認定される公算が大きくなった。

常々「法治国家として粛々と進める」と述べている菅義偉官房長官のことだ。むろん文化財保護法の規定はご存じだろう。同法は遺跡や文化財が見つかった場所付近の工事について、文化財の有無を確認する試掘調査と文化財を記録する本調査を義務付けている。よもや法を破ることはあるまい。時間を惜しまず、キャンプ・シュワブ内を徹底調査するのが当然の帰結である。

碇石が見つかっただけであれば、「外から運び込んだにすぎない」と政府が強弁する恐れもあった。それなら碇石だけを保存し、工事を進めることもあり得た。

だがその周辺で土器や石器も見つかるとなれば話は別だ。有史以前からこの一帯に人が住み、集落をつくっていた可能性が高まるからだ。もしそうなら文化財としての価値は計り知れない。新基地建設のために遺跡を壊したり、ろくに調べず埋め戻したりする非文化的行為は断じて許されない。

それにしても危ういところだった。今回の発見地点は、沖縄防衛局が工事のために照会した場所ではない。碇石が見つかったことにより、他にも遺物があるかもしれないとして名護市教委が自発的に踏査した結果がこの発見だ。防衛局が仮設道路や仮設岸壁、作業ヤードの建設を予定する地域内であり、貴重な遺跡が未発見のまま工事の土砂に埋没しかねなかった。

シュワブ内には大又《ウフマタ》遺跡、思原《ウムイバル》遺跡など7カ所の遺跡群が点在する。大半は記録保存の初期段階となる分布・確認調査しかなされてない。基地内は自治体が自由に立ち入れる場所ではない。7カ所以外にも遺跡がある可能性は従来もささやかれていたが、今回の発見はそれを立証した。辺野古崎は予想以上に、考古学的・文化的に豊かな実りをもたらしそうだ。

今回の現場はもとより基地内全体の悉皆《しっかい》調査が必要だ。文化財保護法の趣旨から言えばそうなる。「法治国家」と言うなら、菅氏は法の順守を肝に銘じてもらいたい。

■2015年11月10日
✳国交相、埋め立て承認取り消しの撤回を「是正指示」―試される人権と民主主義

安倍内閣の強権国家ぶりが露呈したやり方だ。とても同じ国の同胞に対する行為とは思えない。

米軍普天間飛行場移設に絡む辺野古新基地建設問題で、石井啓一国土交通相が翁長雄志知事に対し、埋め立て承認取り消しの撤回を求め「是正指示」を出した。

「代執行」手続きの一環だが、「指示」の前段に当たる「勧告」を知事が拒否してからわずか3日後だ。週末を挟んだので実質的には翌日である。知事の勧告拒否の意味を吟味しようというそぶりすらない。

勧告拒否の際、知事は公開質問状を政府に提出した。その質問に一切答えぬままの「指示」である。ま

さに「問答無用」だ。

公開質問で知事は、沖縄防衛局が「私人」の立場で行政不服審査を申し立てたことの是非をただした。多数の行政法学者も違法と指摘している。政府がこれに答えていないこと自体、法からの逸脱を認めたようなものだ。これで菅義偉官房長官が「法治国家」と繰り返すのだから噴飯物である。

行政不服審査は防衛局が「執行停止」を申し出て国交相が認めた。同じ政府内だ。選手と審判を一人で兼ねるようなもので、これが認められるなら政府は万能である。

「是正指示」に知事が従わない場合、政府は今月中にも代執行を実施するため高裁へ提訴するという。内閣法制局長官の首をすげ替え、解釈改憲をやってのけた安倍内閣のことだ。政府の勝訴間違いなしと踏んでいるのであろう。

人事権を駆使して思うまま法の解釈を変え、都合に合わせて「国」にも「私人」にもなり、選手であり審判ともなる政府である。裁判所の判決も意のままとみる。普通はこれを「人治国家」と呼ぶ。

それにしても最近の政府の振る舞いは常軌を逸している。県も市も飛び越え、区に直接お金を渡すという。植民地の人々を仲間割れさせ、宗主国《そうしゅこく》への反発を弱体化させる「分断統治」は植民地政策の常だが、まさに教科書通りである。さらには中央から機動隊を送り込み、市民運動を露骨に弾圧する。開発独裁の軍事政権と何が違うだろうか。

米紙ニューヨーク・タイムズ社説の表現を借りれば、まさに「平和、人権、民主主義を約束する国家を自称する日本と米国の主張が試されている」。この試験に合格できないなら、安倍政権に民主国家を名乗る資格はない。

■2015年11月11日

※元駐日米大使・モンデール氏証言―米は辺野古見直し唱えよ

米海兵隊の撤退や大幅削減の芽を、日本政府が摘んできたことがあらためて浮かび上がった。

1993～96年に駐日米大使を務めたウォルター・モンデール氏が本紙インタビューに応じた。96年4月に橋本龍太郎首相との共同記者会見で普天間飛行場の返還合意を表明した人物だが、インタビューで移設先の選定を振り返り「われわれは沖縄だとは言っていない」と語った。

同氏は「沖縄も候補の一つ」と述べた上で「基地をどこに配置するかを決めるのは日本政府でなければならない」と付け加えた。

返還合意の際に付した県内移設の条件は日本側の要望に沿ったものであることを示唆した証言だ。同氏が2004年に米国務省外郭団体のインタビューで語った内容と照合すると、さらにはっきりする。

1995年の米兵による少女乱暴事件に関し、こう述懐している。「(事件から)数日のうちに米軍は沖縄から撤退すべきか、最低でも駐留を大幅に減らすかといった議論に発展した」が、「彼ら(日本側)はわれわれが沖縄を追い出されることを望んでいなかった」

日本政府の意向で県外・国外移設の大きな機会を逸したといっても過言ではない。沖縄の犠牲を黙認するどころか、負担が劇的に軽減する機運を水面下でかき消していたとなれば、国民への背信にほかならない。犯罪的でさえある。

海兵隊は50～60年代、本土での反対運動を背景に米統治下にあった沖縄に移転してきた。復帰直後の70

年代前半には、米政府内で在沖海兵隊の撤退や大幅削減が検討されながら日本政府がこれに反対したことも分かっている。

軍事的必然性ではなく、政治的理由から沖縄に負担が強いられていく構図は、辺野古の新基地建設問題につながる。モンデール氏は「日本政府が別の場所に決めれば米政府は受け入れるだろう」との見解を示した。安倍政権が移設作業を強行する非民主的な姿勢を改めることがまずは必要だ。

ただ米国も当事者であることを忘れてはならない。合意から19年も返還が実現していないのは、移設計画の混迷を見ながら「日本の国内問題」として距離を置いてきた米側の責任も大きい。民意に反した基地建設やそれに基づく安全保障の在り方に対し、日本に再考を促すことこそが世界のリーダーを自任する超大国の最低限の義務であるはずだ。

■2015年11月12日

※知事、国交相の「是正指示」拒否―民主国家の看板が問われる

「わが国は法治国家である」とは安倍政権がよく使う言葉だ。米軍普天間飛行場の移設に伴う名護市辺野古への新基地建設計画で、石井啓一国土交通相の埋め立て承認取り消し処分の「是正指示」に対し、翁長雄志知事は是正勧告に続き、指示も拒否する意思を表明した。政府は知事の拒否を受け「法治国家」の名の下、代執行提訴など法的手続きを進める見込みだ。

しかし、考えてみてほしい。日本は「民主主義国家」である。民主的手続きを踏まえず、沖縄からの異

スパット台船を設置して再開された調査に抗議する市民のカヌー（2015・11・12／大浦湾）

議申し立てを却下することが「民主主義」の名にふさわしいのか。政府は再考すべきだ。

民主主義の手続きとは最低限、①必要な情報を共有する、②議論し互いの主張を擦り合わせる、③互いに納得できる合意点を見いだす――といった過程が必要だ。

辺野古埋め立てに当てはめれば、この条件をまるで満たしていない。普天間飛行場の危険性除去という前提は国、県とも一致するが「なぜ辺野古でなければならないのか」という県民の疑問に、国は何一つ答えていない。

埋め立て承認の取り消しをめぐって、知事は第三者委員会の調査に基づき「違法」と判断し、その根拠を説明した。国は県の判断を無視し、代執行手続きを進めながら「承認取り消し」の執行停止も認めている。矛盾する手続きを並行することについて、県から公開質問状が提出されたが、石井国交相は「回答の義務はない」として、議論に応じる姿勢すら見せない。

議論ができない状態では、当然一致点を探ることも不可能だ。「国家事業に口を挟むな」というのであれば、それは独裁であり「民主国家」ではない。

「主権在民」「基本的人権の尊重」は民主主義にとって当然のことだ。主権者、とりわけ当事者たる沖縄県民の7割以上が辺野古新基地建設に反対する中、法的手続きを踏めば国は何をしてもいいわけではあるまい。

翁長知事は是正指示拒否を表明する記者会見で「国と地方は対等であり、安全保障で地方は黙っておれというのは一人ひとりの人権を無視するものだ。多くの意見を聞きながら進むのが当然で、それが民主主義国である」と述べた。

知事の言葉を首相らは深く心に刻んでもらいたい。新基地建設を強行すれば日本は「民主主義国家」の看板を下ろさねばなるまい。

■2015年11月18日

※代執行提訴　指弾されるべきは誰か―片腹痛い政府の主張

いったい誰が誰を訴えるべきなのか。理非曲直《りひきょくちょく》を考えれば、本末転倒の感を否めない。

米軍普天間飛行場の移設先となる辺野古新基地問題で、翁長雄志知事の埋め立て承認取り消し処分は違法だとして政府は処分撤回へ向け代執行訴訟を起こした。政府と沖縄県との対立はいよいよ法廷闘争の局面に入った。それにしても政府が知事を訴えるとは噴飯物だ。行政不服審査法を恣意的に解釈して法の原則に反し、沖縄の選挙結果を無視して民主制にも背いたのは誰か。指弾されるべきは政府の方だ。

◆居直り

訴状で政府は、知事の承認取り消しによる不利益と取り消しをしないことによる不利益とを比較している。そして「航空機事故や騒音被害といった普天間飛行場周辺住民の生命・身体に対する重大な危険は現実化している」と強調し、辺野古移設を正当化する。

しかし1996年に米側が海兵隊の沖縄撤退を打診したのに対し、逆に日本政府が引き留めたという事実を、当時のモンデール駐日大使がつい先日証言したばかりだ。現在の辺野古新基地計画を決めた2005年の在日米軍再編交渉の際も、米側が海兵隊の九州や関東への移転を打診しても日本政府の方が取り合わなかった事実を、米側当事者が証言している。

そして深夜・未明の飛行禁止を定めた嘉手納・普天間両基地の騒音防止協定を結んだ後も、未明の爆音発生を許容し続け、抗議一つしなかったのも日本政府だ。前知事との約束である「普天間基地の5年内運用停止」を米側に持ち掛けてすらいないのも政府である。

それなのに飛行機事故で沖縄の人の生命が失われるのを心配していると言うのである。沖縄の騒音被害を危ぶんでいると言うのである。片腹痛いとはこのことだ。

政府の訴状はさらに、移設作業が中断すれば「日米の信頼関係が崩壊しかねず、外交などに計り知れない不利益」と主張する。だが当の米国のエレンライク在沖総領事は移設計画が滞っても「(日米関係に)影響は全くない」と述べている。政府の主張は言ったそばから否定されているのだ。

琉球新報
THE RYUKYU SHIMPO
第38376号
2015年(平成27年) 11月18日 水曜日

4 JAと県がTPP対策本部
5 ヤマト新物流拠点本格稼働
12 サッカー予選、日本首位堅持
33 マタハラ降格 賠償命令
告別式の案内 21

国が知事提訴

辺野古代執行

福岡高裁那覇支部 20年ぶり

来月2日、口頭弁論

「銃剣で接収 想起」

知事、「沖縄差別」と批判

その上、既に工事で473億円も支払ったから、承認が取り消されれば「全くの無駄金」とも主張する。工事の中止要求を無視していたずらに税金を投じてきたのはいったい誰か。居直るのもたいがいにしてもらいたい。

◆目に入らぬ被害

一方で訴状は「承認を取り消さないことによる不利益」も考慮に入れる。だがそれを辺野古周辺の騒音被害と環境問題に限定する。沖縄全体がさらされる墜落や爆音の被害、基地がなければ存在しない米兵による事件の被害も、政府の目には見えないようだ。

新基地は米国防総省の報告書で耐用年数200年と想定する。埋め立てなので国有地である。沖縄が手出しできない基地が半永久的に存在していくのだ。これが巨大な不利益でなくて何であろう。

そもそもこの両方向の「不利益」は、沖縄の基地負担軽減に照らしてどちらが不利益かという観点が主である。それなら判定する主体は沖縄であるべきだ。そうであれば、結果はもうはっきり出ている。県民は再三再四、選挙でこれ以上ないほど明瞭に新基地は不要と判定しているのである。

政府は行政不服審査法に基づく承認取り消し執行停止の際は「私人」となり、今回の訴訟は「国」として提訴した。都合よく立場を使い分けるのは、多くの行政法学者が指摘するように違法であろう。翁長知事が会見で述べた通り、県が政府に「違法と決めつけられるいわれはない」のである。

このように政府の主張は矛盾、自家撞着、非合理で埋め尽くされている。大手メディアは政府の勝訴間違いなしと報じるが、果たしてそうか。裁判所が論理的に判断すれば、少なくとも政府の主張の矛盾は見抜けるのではないか。

■2015年11月20日

※座り込み500日―驚異的な非暴力の闘い

人々の「思い」の総量は、いったいどれほどに達するだろう。辺野古新基地建設に反対する市民のキャンプ・シュワブゲート前の座り込みが500日を超えた。

18日は千人もの人が参加した。行ったことのない政府の人には分からないだろうが、例えば県庁前からあそこまで行くには相当な時間を要する。平日に行くからには無理を重ねてのことだ。よほどの思いがな

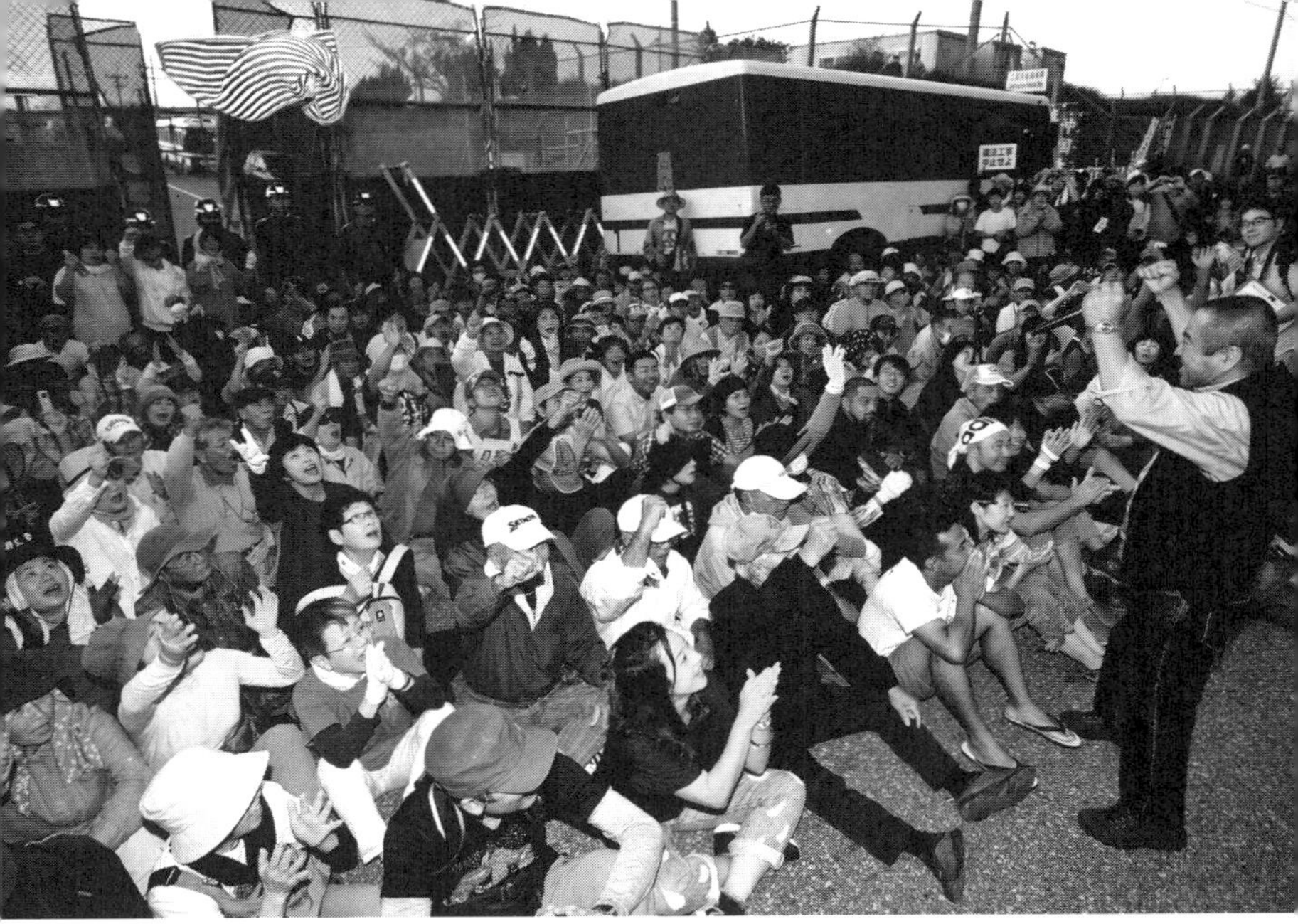

座り込み開始から500 日のキャンプ・シュワブゲート前（2015・11・18）

ければできない。そしてその背後には体力その他の事情でどうしても行けなかった人が膨大にいるはずだ。それが５００日にも及ぶのである。市民が選挙で示した意思を、その通り実行してほしい。ただそれだけの、ほんのささやかな望みを実現するために、これほどの努力と犠牲を払わなければならない地域がどこにあろう。

しかもその努力はゲート前だけではない。辺野古漁港近くのテントでの座り込みは11年７カ月、４２３２日にも及ぶ。それでもなお政府は強権的に民意を踏みにじるのである。どこにそんな「民主国家」があるだろうか。

驚異的なのは、その膨大な時間の中で市民の側は徹底的に非暴力を貫いていることだ。

やむにやまれぬ思いを抱えて、途方もない時間をかけて抗議してもなお踏みにじられれば、過激な行為に走るものが現れる例は、世界各地でままある。それと対照的な沖縄の徹底した非暴力・不服従の闘いは称賛に値しよう。

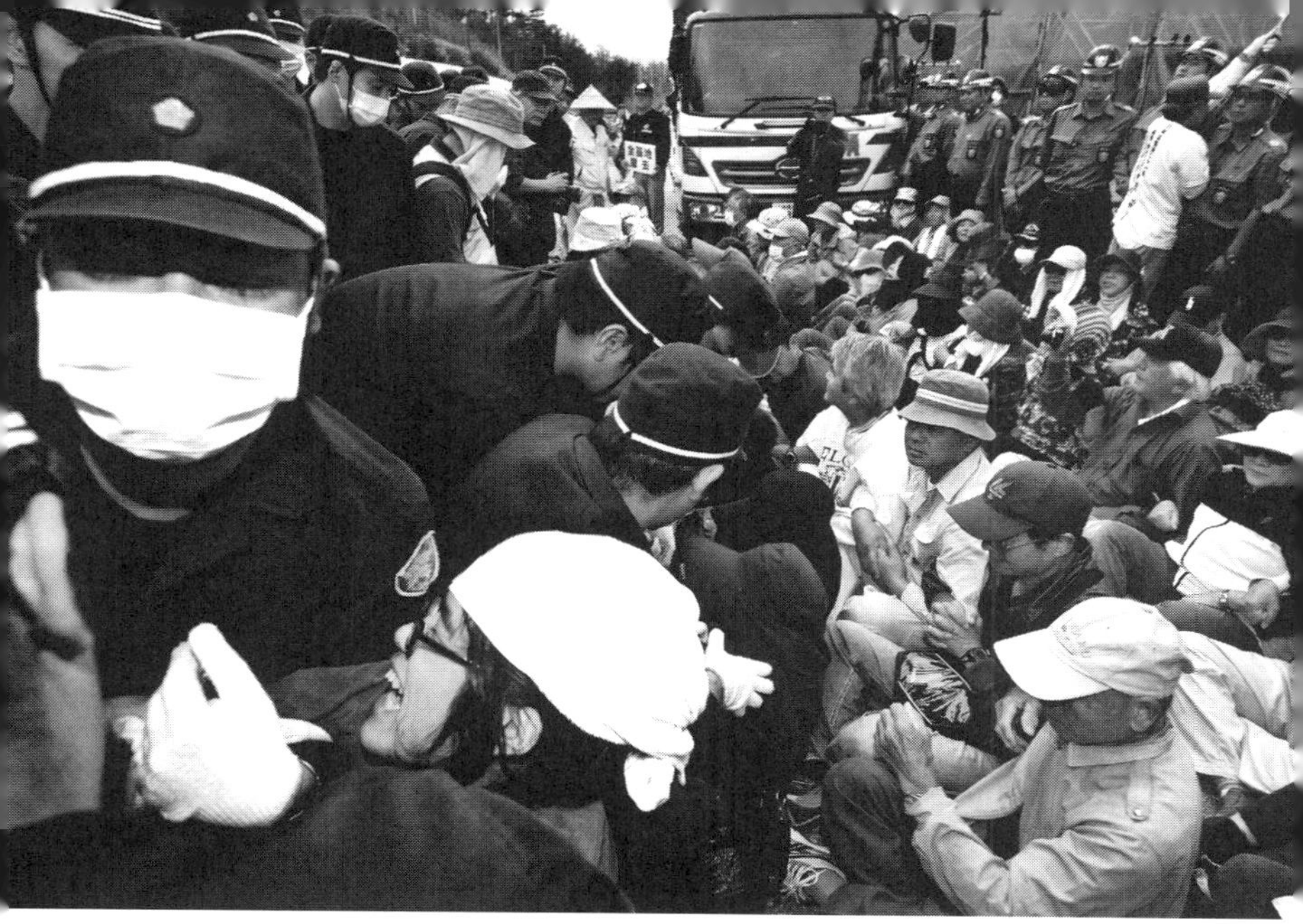

キャンプ・シュワブゲート前に警視庁機動隊が投入される（2015・11・5）

むしろ暴力的なのは日本政府の方である。市民が道路に倒されてけがをしたり、頭を水中に沈められたりといった行為が頻発している。救急車の出動は何度もある。いずれも運ばれるのは市民の方だ。一昨日も海上保安官に押さえられた際に意識もうろうとなった市民がいた。何と野蛮な政府であろうか。

だがそれは、むしろ政府の側が追い詰められた結果とも見える。政府が県を提訴し、政府の勝訴必至と言い立てる言説が多いが、承認取り消しをめぐる政府の対応には矛盾があり、訴訟の行方は分からない。県の提訴も予定される。文化財保護法に則して工事中止に至る可能性も高い。知事と名護市長が「あらゆる手段」で阻止を図れば、工事を完遂することはまず不可能だ。

何より国内世論が沖縄に味方しつつある。国際社会も見ている。政府の野蛮はその焦りなのではないか。理は沖縄にある。

■2015年11月21日

※日米首脳会談―「沖縄とは共にない」首相

「フランスと共にある」が、「沖縄とは共にない」のが今の日本政府、安倍晋三首相である。

安倍首相は19日、オバマ米大統領と会談し、米軍普天間飛行場の辺野古移設について「唯一の解決策だ。確固たる決意で進める」と述べた。そのわずか2日前、政府は辺野古新基地をめぐり翁長雄志知事を提訴し、県民から猛反発を受けたばかりだ。沖縄の反発など物の数ではないと言わんばかりの、民意を真っ向から踏みにじる発言である。

その2日前にはパリの同時多発テロを受け、首相は即座に「日本はフランスと共にある」と述べた。沖縄とフランス、それぞれに示した姿勢の落差は歴然としている。

この落差は今に始まったことではない。オスプレイの暫定配備先として候補に挙げた佐賀では、住民の反対であっさり撤回した。全自治体の反対決議を無視して強行された沖縄への恒久配備とはあまりに対照的だ。露骨な二重基準は、やはり差別と言うほかない。

注意したいのはオバマ氏の言動だ。首相の発言に対し、オバマ氏は「感謝したい。米軍も嘉手納より南の基地返還に取り組む」と述べただけである。「唯一」という発言に同意してはいないのだ。

事実、日本の安全保障政策に多大な影響力を行使してきたアーミテージ元米国務副長官もナイ元米国防次官補も辺野古新基地に疑問を呈している。モンデール元駐日米国大使も「(普天間代替基地の場所について)われわれは沖縄だとは言っていない」と明言した。「辺野古が唯一」だなどと言っているのは日本政府だけなのである。

首相は、大統領との会談であえて「唯一」を持ち出すことで、さも他に選択肢がないかのように国民に印象付けたかったのだろう。そんな子どもだましの印象操作は国民を愚弄《ぐろう》するに等しい。

それにしても、首相の外交は勘所を外しているように見える。米との会談では南シナ海への自衛隊派遣の検討まで持ち出したが、肝心の東南アジア諸国を交えたアジア太平洋経済協力会議（ＡＰＥＣ）で南シナ海への言及はなかった。対中国包囲網を形成したいという首相の思惑は不発に終わっている。

国民の同意も全く欠いたまま、日本に何の関係もない地域への軍の派遣まで持ち出すとは何事か。安倍氏の独り善がりの外交は日本にとって危険なだけだ。

■２０１５年11月23日

※苛烈な辺野古警備―市民の命危険にさらすな

「国家権力が牙をむく」と形容するしかない事態である。

名護市辺野古への新基地建設をめぐり、キャンプ・シュワブのゲート前や大浦湾の埋め立て予定海域で、抗議する市民の側にけが人が相次いでいる。

まず、確認しておこう。

今、全国で市民の非暴力の抵抗に対し、警察や海上保安庁の警備要員が連日投入されている現場は名護市辺野古と周辺海域しかない。新基地建設にあらがう市民社会の行動を、屈強な体力と装備を備えた要員

非暴力で抵抗を続ける市民を排除する機動隊（2015・11・11）

が押さえ込み、危険にさらしている。

沖縄の民意を一顧だにせず、10月29日に本体工事に着手した安倍政権の強硬姿勢が第一の要因だ。

「弾圧」という言葉を用いても言い過ぎではあるまい。このままでは命に関わる重大事態が生じかねない。県警と海上保安庁は人権を侵害する行き過ぎた警備を即刻改め、現場から撤収すべきだ。

今月4日に「鬼」「疾風」などのたけだけしい異名を冠された警視庁機動隊の精鋭部隊が投入されて以来、力ずくで市民の身体の自由を奪う警備が苛烈になっている。警視庁に触発されたのか、海保の海上での警備も乱暴さを増している。

「海保拘束後に嘔吐《おうと》」「市民、骨折の可能性　機動隊に押され」「海保首絞め男性重傷」……。19～21日の本紙朝刊の見出しを並べると、3日連続で身体的被害が生じる事案が起き、状況は悪化している。

18日の大浦湾で、海上保安官に4人がかりで押

座り込んだ市民をごぼう抜きにする機動隊（2015・11・28）

さえ付けられた抗議船長の意識がもうろうとなり、搬送中の救急車内で嘔吐した。19日には作業車両前に立ちはだかった男性が機動隊員に押され、肋骨《ろっこつ》骨折の疑いがあるけがを負った。

大浦湾の海上でカヌーに乗って抗議していた男性を拘束した海上保安官に首を絞められ、頸椎捻挫のけがを負ったのは20日だ。複数の目撃者によると、首を絞めたとされる保安官は18日に抗議船長を拘束したメンバーの一人だ。冷静さを欠き、感情を荒立てて市民にぶつかる要員を統率できていないのではないか。

ゲート前に結集し、海上に出る市民は、主権者として理不尽な基地押し付けにあらがっている。選挙で示された民意を踏まえ、民主主義を体現する行動には正当性がある。それを組み敷く過剰警備が続けば、新基地にあらがう沖縄の民意は一層高まり、不屈の意思が強まることを安倍政権は自覚すべきだ。

■2015年11月30日

※久辺3区交付金―政権の一手は逆効果生んだ

露骨な「アメとムチ」をまとった地方自治への介入そのものである。前時代的な分断統治を図る安倍政権の姿にそんな思いを抱く。

防衛省は名護市辺野古への新基地建設をめぐり、地元の久辺《くべ》3区（久志、辺野古、豊原区）に対して直接補助金を交付できる制度を創設した。各区の事業申請に基づき、1300万円を上限に支出する。

交付要綱には「航空機40機、人員千人以上増加する地域の地縁団体」と明記されており、実質的に久辺3区だけを対象にした補助率100％の補助金だ。

新たな法律は制定せず、現行の予算措置内の補助として制度化した。地元3区を移設容認に傾ける以外には目的が見いだせない血税の投入である。ばらまきに等しいつかみ金のような性質だ。

補助対象について「影響の増加に特に配慮することが必要」と記し、将来の負担増に補助金を支出する尋常ではない措置だ。しかも事業の内容は、前名護市長時代の再編交付金の残額を基金にして、名護市が進めている事業とほぼ重なっており、制度の必要性の議論が置き去りにされている。

国がその手で地方自治をかき乱し、財政支出の規律に背を向けた。政権のモラルハザード（倫理崩壊）が一層くっきり像を結んだ。「無理が通れば、道理が引っ込む」は許されない。

臨時国会が開かれていないため、制度の問題点は国会で全く議論されていない。名護市の頭越しの支出に対し、地方財政の専門家からも法的整合性が取れるのかと、疑問符が突き付けられている。

菅義偉官房長官は「3区長から要望書が提出されている」などと述べ、3区が移設を容認、賛同しているという印象を振りまくことに躍起になっている。だが、3区内には賛否さまざまな意見がある。久志区は受け取りの可否を決める区民総会がまとまらなかった。

1990年代後半、普天間飛行場の移設先として辺野古が浮上した際、自民党政権は大規模な北部振興策を繰り出した。当時の沖縄社会は政権の「アメとムチ」に翻弄される面もあったが、今は通用しない。新基地を拒む強固な民意が息づく中、久辺3区直接補助を多くの県民が苦々しい思いで見ており、新基地ノーの民意をかえって強めた。沖縄は分断されない。安倍政権の一手は逆効果を生み出した。

■2015年12月3日
※知事の意見陳述　基地めぐる虚構暴いた―司法は理非曲直見据えよ

間違いなく沖縄の歴史に刻まれる一幕だ。しかもその言葉の一つひとつが、積年の沖縄の思いを見事に言い当てるものだった。

辺野古新基地建設に向けた前知事の埋め立て承認を取り消した処分をめぐり、国が翁長雄志知事を訴えた代執行訴訟の第1回口頭弁論に知事が出廷した。知事は取り消しの適法性を主張する一方、沖縄の近現代史を踏まえて新基地建設の非道を正面から訴えた。その勇気と信念に敬意を表したい。

知事が陳述書で述べた通り、自国民の人権、平等、民主主義を守れない国が世界と普遍的価値を共有できるのか。この訴訟で問われるのはまさにそのことだ。

琉球新報
THE RYUKYU SHIMPO
第38391号
2015年（平成27年）12月3日 木曜日
4 軽減税率、21年にインボイス
5 シェラトン、サンマリーナに開業へ
17 高校ラグビー、駅伝 結団式
11 東京新聞「こちら特報部」
告別式の案内

知事、民主主義問う

辺野古代執行訴訟 初回弁論

「米施政権下と変わら

高裁那覇支部 国「承認瑕疵な

来月8、29日に弁論

「県民の心伝えた」

記者会見 知事、国民論議訴える

菅氏「対話余地なく」

法的手続き正当性強調

知事意見陳述骨子
- 戦争で凄惨な地上戦が行われ、戦後は土地を強制接収され基地ができた
- 政府は新基地建設を強行しようとしている。米軍基地に関しては、米軍施政権下と何ら変わりない
- 沖縄が基地で成り立っているような話は過去の話であり完全な誤解。補助金も突出していない
- 沖縄が将来、アジア・太平洋地域の平和の緩衝地帯となることが私の願い
- 沖縄に米軍基地を集中させ続け、今また22世紀まで利用可能な基地建設が強行されようとしている
- 日本には地方自治や民主主義が存在するのか、沖縄にのみ負担を強いる安保体制は正常なのか、国民に問いたい

◆繰り返す光景

翁長知事は「日本には本当に地方自治や民主主義は存在するのか。沖縄県のみに負担を強いる今の日米安保体制は正常と言えるのか」と問い掛けた。そして裁判所に「沖縄、そして日本の未来を切り拓く判断を」と訴えた。

その文言に感慨を禁じ得なかった。時代が一巡りし、再び同じ場所に至ったという感慨だ。

「憲法の理念が生かされず、基地の重圧に苦しむ県民の過去現在を検証し、基本的人権の保障や地方自治の本旨に照らし、若者が夢と希望を抱けるよう、沖縄の未来の可能性を切り開く判断を願う」

今回の翁長知事の言葉と見まが

第1回口頭弁論を前にした激励集会で、多くの市民から激励を受け、手を振って応える翁長知事（2015・12・2／那覇市の城岳公園）

うこの発言は、1996年7月、大田昌秀沖縄県知事（当時）が最高裁大法廷で述べたものだ。

嫌がる地主の土地を国が強制的に米軍基地として使おうとする手続きで、地主の代わりに知事が署名せよと求める代理署名訴訟でのことだった。首相が知事を訴えるという前代未聞の構図も今回と酷似する。何より、基本的人権や民主主義、地方自治という民主国家が最低限保障すべきものを、あらためて要望せざるを得ないという沖縄の状況が、何ら変わっていないことを思い知らされる。

いや、状況はむしろ悪化している。かつては沖縄の苦難の歴史に思いを致す空気が日本社会に濃厚だったが、今や沖縄側が政府に何か物申せば「生意気だ」という非難が陰に陽に示される。

つい先日も新基地建設反対運動に参加した市民を「けとばせばいい」と、「選良」たる兵庫県洲本市の市議が書いたばかりだ。れっきとした岐阜県の県庁職員も、「馬鹿な沖縄県民は黙ってろ。我々は粛々と辺野古移設を進める」と書く始末である。

◆国の支離滅裂

それらを考慮した上でも、翁長知事の弁論は有意義だった。

こうした書き込みの背景には「沖縄は基地で食べているのだから、少しは我慢しろ」「沖縄は莫大な予算を政府からもらっているのだから我慢しろ」という認識が潜んでいる。だが知事は、基地が恩恵どころか経済の最大の阻害要因となっている事実を、数字を挙げて証明した。「沖縄振興予算という特別な予算を沖縄は3千億円も他県より余分にもらっている」という認識も「完全な誤り」だと論証した。海兵隊が沖縄になければ機能しないという誤解も、過去現在の防衛相の言葉を引いて見事に論破している。

これら「基地経済」「財政的恩恵」「抑止力」という思い込みが「神話」にすぎないのは、県内では周知の事実だ。だが全国ではいまだに広く信じられている。知事は代執行訴訟という国民注視の場で訴えることにより、それらの虚構性を全国に発信したのである。

今回の訴訟で沖縄県が、基地の沖縄集中は軍事合理性の面でも合理性を欠くと主張するのに対し、国は「翁長氏は県知事にすぎない」と主張する。「安全保障上の判断は知事には無理だ」というわけである。一方で行政不服審査では防衛局は「私人」「一事業者」だと主張している。支離滅裂だ。

福岡高裁那覇支部はこれらの理非曲直を見据えてほしい。「人権の砦」たるこの国の司法の公正性を、われわれに信じさせてもらいたい。

辺野古代執行訴訟
第1回口頭弁論
翁長雄志沖縄県知事「陳述書」全文

【2015年12月2日】

第1回口頭弁論に出廷する翁長沖縄県知事（2015・12・2／那覇市・福岡高裁那覇支部）

1　知事に立候補した経緯と公約

2　沖縄について

（1）沖縄の歴史

（2）沖縄の将来像

3　米軍基地について

（1）基地の成り立ちと基地問題の原点

（2）普天間飛行場返還問題の原点

（3）「沖縄は基地で食べている」
　　――基地経済への誤解

（4）「沖縄は莫大な予算をもらっている」
　　――沖縄振興予算への誤解

（5）基地問題に対する政府の対応

（6）県民世論

4　日米安全保障条約

5　前知事の突然の埋立承認

6　前知事の埋立承認に対する疑問
――取り消しに至る経緯

（1）仲井真前知事の埋立承認についての疑問

（2）第三者委員会の設置と国との集中協議

（3）承認取消へ

（4）政府の対応

7　主張

（1）政府に対して

（2）国民、県民、世界の人々に対して

（3）アメリカに対して

1　知事に立候補した経緯と公約

今年、日本は戦後70年の節目の年を迎えました。わが沖縄県も27年間の米軍統治時代を経て本土復帰を果たし、先人のたゆまぬ努力により、飛躍的な発展を遂げてまいりました。

しかしながら沖縄県には、県民自らが持ってきたわけでもない米軍基地を挟《はさ》んで「経済か」、「平和か」と常に厳しい二者択一を迫られ、苦渋の選択を強いられてきた悲しい歴史があります。

保守の方々は「生活が大切だ。今は経済だ」と主張したのに対し、革新の方々は「命を金で売るのか、ウチナーンチュの誇りはどうするのか」と批判し、県民同士がいがみあっていたのです。政治家の一家に生まれ育った私は、小さい頃からそのような状況を肌で感じており、将来は県民の心をひとつにして、この沖縄の政治状況というものを打破できないだろうかと考えるようになりました。ですから私の持論は、沖縄では保守が革新の敵ではなく、革新が保守の敵でもない。敵は別のところにいるのではないかということです。

平成24年、日米両政府から、普天間基地へのオスプレイ配備が発表されました。配備を強行しようとする政府に対し、平成25年1月、オスプレイの配備撤回と普天間飛行場の閉鎖・撤去、県内移設断念を求め、県内41市町村長と市町村議会議長、県民大会実行委員会代表者が上京し、政府に建白書を突きつけました。政治的な主義・主張の違いを乗り越え、オール沖縄で行った東京行動のような取組み、活動こそが、今、強く求められていると思っております。

建白書を携えた東京行動から私が県知事へ立候補するまでの約2年の間に、普天間基地の県外移設を訴えて当選した県選出の与党国会議員が中央からの圧力により次々に翻意し、辺野古移設容認に転じました。

さらに平成25年の年末には、安倍総理大臣との会談後、仲井真知事が辺野古埋立申請を承認するに至るなど、県内移設に反対する足並みは大きく乱れました。しかしながら世論調査の結果を見ますと、普天間飛行場の辺野古移設に対する県民の反対意見は、約8割と大変高い水準にあり、オール沖縄という機運、勢いは衰えるどころか、さらに高まっていました。

これは、県民が沖縄の自己決定権や歴史を踏まえながら、県民のあるべき姿に少しずつ気づいてきたということだと思います。

そのような中、海底ボーリング調査など移設作業を強行する政府の手法は、これまで安倍総理大臣や菅官房長官が繰り返し述べてきた「誠心誠意、県民の理解を得る」、「沖縄の負担軽減」といった言葉が、空虚なものであることを自ら証明したようなものでした。

日本の安全保障は日本全体で負担すべきであり、これ以上の押し付けは沖縄にとって既に限界であることを政府に強く認識してもらいたいと考えています。

私たちは、今一度心を一つにして、「オール沖縄」あるいは「イデオロギーよりはアイデンティティー」で結集して頑張っていかなければならない。

沖縄が重大な岐路に立つ今、私の力が必要という声があるならば、その声に応えていくことこそ政治家の集大成であるとの結論を出し、那覇市長から沖縄県知事に立候補したものであります。

沖縄県知事選挙にあたり、公約について以下を基本的な認識として訴えました。

・建白書で大同団結し、普天間基地の閉鎖・撤去、県内移設断念、オスプレイ配備撤回を強く求める。

そして、あらゆる手法を駆使して、辺野古に新基地はつくらせない

・日本の安全保障は日本国民全体で考えるべきものである

・米軍基地は、今や沖縄経済発展の最大の阻害要因である。基地建設とリンクしたかのような経済振興策は、将来に大きな禍根を残す
・沖縄21世紀ビジョンの平和で自然豊かな美ら島《ちゅ》などの真の理念を実行する
・アジアのダイナミズムに乗って動き出した沖縄の経済をさらに発展させる
・大いなる可能性を秘めた沖縄の「ソフトパワー」こそ、成長のエンジンである
・新しい沖縄を拓《ひら》き、沖縄らしい優しい社会を構築する
・平和的な自治体外交で、アジアや世界の人々との交流を深める

2 沖縄について

(1) 沖縄の歴史

沖縄には約500年に及ぶ琉球王国の時代がありました。その歴史の中で、万国津梁《ばんこくしんりょう》の精神、つまり、アジアの架け橋に、あるいは日本と中国、それから東南アジアの貿易の中心になるのだという精神をもって、何百年もやってまいりました。

ベトナムの博物館には600年前に琉球人が訪れた記録が展示されていました。中国の福州市には、異国の地で亡くなった琉球の人々を埋葬している琉球人墓があり、今も地域の方が管理しております。また、琉球館という宿も残っております。それから、北京では国子監といいまして、中国の科挙の制度を乗り切ってきた最優秀な人材が集まるところに琉球学館というのがあり、そこで琉球のエリートがオブザーバーで勉強させてもらっておりました。このような形で、琉球王朝はアジアと交流を深めてまいりました。沖縄名産の泡盛は、タイのお米を使ってできています。タイとの間にも何百年にもわたる交易と交流があるわ

けです。

そういった中で1800年代、アメリカ合衆国のペリー提督が初めて日本の浦賀に来港したのが1853年です。実は、ペリー提督はその前後、5回沖縄に立ち寄り、85日間にわたり滞在しております。1854年には独立国として琉球とアメリカ合衆国との間で琉米修好条約を結んでおります。このほか、オランダとフランスとの間でも条約を結んでおります。

琉球はその25年後の1879年、日本国に併合されました。私たちはそのことを琉球処分と呼んでおります。併合後、沖縄の人々は沖縄の言葉であるウチナーグチの使用を禁止されました。日本語をしっかり使える一人前の日本人になりなさいということで、沖縄の人たちは皇民化教育もしっかり受けて、日本国に尽くしてまいりました。その先に待ち受けていたのが70年前の沖縄戦でした。「鉄の暴風」とも呼ばれる凄惨な地上戦が行われ、10万を超える沖縄県民を含め、20万を超える方々の命が失われるとともに、貴重な文化遺産等も破壊され、沖縄は焦土と化しました。

このように沖縄は戦前、戦中と日本国にある意味で尽くしてまいりました。その結果どうなったか。サンフランシスコ講和条約で日本が独立するのと引き換えに、沖縄は米軍の施政権下に一方的に差し出され、約27年にわたる苦難の道を歩まされることになったわけであります。

その間、沖縄県民は日本国憲法の適用もなく、また、日本国民でもアメリカ国民でもありませんでした。インドネシア沖で沖縄の漁船が拿捕《だほ》されたときには沖縄・琉球を表す三角の旗を掲げたのですが、その旗は何の役にも立ちませんでした。

また当時は治外法権のような状況であり、犯罪を犯した米兵がそのまま帰国するというようなことも起こっていました。日本では当たり前の人権や自治権を獲得するため、当時の人々は、米軍との間で自治権獲得闘争と呼ばれる血を流すような努力をしてきたのです。

ベトナム戦争のときには、沖縄から毎日B52が爆撃のために飛び立ちました。その間、日本は自分の力で日本の平和を維持したかのごとく、高度経済成長を謳歌《おうか》していたのです。

（2）沖縄の将来像

私の知事としての県政運営方針は「沖縄21世紀ビジョン基本計画」を着実に一つひとつ進めていくことが基本となると思っております。

この計画の特徴は、「強くしなやかな自立型経済の構築」と「沖縄らしい優しい社会の構築」を施策展開の基本として明示するとともに、基地問題の解決にも力を入れているところです。

「強くしなやかな自立型経済の構築」を実現していく上で大きな力となるのが、うやふぁーふじ（先祖）から受け継いできた、沖縄の自然、歴史、伝統、文化、あるいは万国津梁の精神といった、いわゆるソフトパワーの活用です。アジアのダイナミズムというのは、今やヨーロッパ、アメリカをしのぐ勢いであり、既に沖縄はそのうねりに巻き込まれつつあります。かつて沖縄はまさしく日本の辺境、アジアの外れという場所でしたが、今はアジアの中心、そして日本国とアジアを結ぶ大変重要な役割を果たすようなところにきています。

沖縄には、チャンプルー文化、いちゃりばちょーでー（一度出逢ったら皆兄弟）として知られる文化や生き方があります。これは小さな沖縄が周辺の国々に翻弄《ほんろう》されながらも一生懸命生き抜き、積み重ねてきた歴史から来るものであり、誇るべきものであります。

自立型経済の構築に向けて、今一番勢いがあるのが、観光リゾート産業です。昨年、過去最高の観光入域客数を記録しましたが、外国人観光客、特に、中国や韓国、台湾を始めとするアジア各国からの観光客の大幅な増加が大きく貢献しています。外国人観光客の伸びは、今年に入っても衰えることなく、１００万人を超えています。

また、航空・物流企業の努力により、アジアを結ぶ国際物流拠点としての地位もみえてきました。また、海底ケーブルをつなぎながら日本と台北、あるいはシンガポールそれからまた沖縄につなげるといったように、情報通信産業の拠点になる要素が出てまいりました。

日本の排他的経済水域の面積は世界第6位ですが、東西約１０００キロ、南北約４００キロの中に、有人島40を含め１６０の島々が広がる沖縄県は、大いにそれに貢献しています。また、伊平屋《いへや》島沖に熱水鉱床が発見されるなど、海底資源という意味でも沖縄は大きな可能性をもっており、そういったことに私たちはもっと目を向け、アジアと日本の架け橋としてどのような役割を果たしていくか考え、実行していく中で、沖縄のあるべき将来像というものが作れるのではないかと思っております。

「沖縄らしい優しい社会の構築」につきましては、41市町村で、協働のまちづくり、人と人が支え合って助け合っていく仕組みづくりに取り組んでいます。私が那覇市長のとき、那覇市でも協働のまちづくりに取り組みました。ボランティア、ＮＰＯ、あるいは民生委員・児童委員、自治会や企業の皆さんの中には、地域のため、他人のために頑張っている人がたくさんおられます。５００名を超える方々を協働大使に委嘱するとともに、活動拠点の一つとして、前の銘苅《めかる》庁舎内に「協働プラザ」を設置しました。他の市町村も、那覇市に負けないくらい素晴らしいまちづくりに取り組んでいます。こういったものが、県民同士が支え合って助け合って生きていく沖縄らしい優しい社会の構築、沖縄全体の発展につながるものだと思っております。

基地問題の解決を図ることは、県政の最重要課題です。基地の整理縮小を図ることは当然ですが、将来的には、平和の緩衝地帯として沖縄があってもらいたいと思っています。日本の防衛のためといって基地をたくさん置くのではなく、平和の緩衝地帯としての役割をこれから沖縄が果たしていき、アジアと日本の架け橋になることを夢見ながら今、私は県政に取り組んでいます。

3　米軍基地について

（1）基地の成り立ちと基地問題の原点

沖縄の米軍基地は、戦中・戦後に、住民が収容所に入れられているときに米軍が強制接収を行い形成されました。強制的に有無を言わさず奪われたのです。そして、新しい基地が必要になると、住民を「銃剣とブルドーザー」で追い出し、家も壊して造っていったのです。沖縄は今日まで自ら進んで基地のための土地を提供したことは一度もありません。

まず、基地問題の原点として思い浮かぶのが１９５６年のプライス勧告です。プライスという下院議員を議長とする調査団がアメリカから来まして、銃剣とブルドーザーで接収された沖縄県民の土地について、実質的な強制買い上げをすることを勧告したのです。当時沖縄県は大変貧しかったので、喉から手が出るほどお金が欲しかったと思います。それにもかかわらず、県民は心を一つにしてそれをはねのけました。そして当時の政治家も、保守革新みんな一つになって自分たちの故郷の土地は売らないとして、勧告を撤回させたわけです。今よりも政治・経済情勢が厳しい中で、あのようなことが起きたということが、沖縄の基地問題を考える上での原点です。私たちの先輩方は、基地はこれ以上造らせないという、沖縄県の自己決定権といいますか、主張をできるような素地を作られたわけであります。

また、サンフランシスコ講和条約発効当時は、本土と沖縄の米軍基地の割合は、おおむね9対1であり、本土の方が圧倒的に多かったのです。ところが、本土で米軍基地への反対運動が激しくなると、米軍を沖縄に移し、基地をどんどん強化していったのです。日本国憲法の適用もなく、基本的人権も十分に保障されなかった沖縄の人々には、そのような横暴ともいえる手段に対抗するすべはありませんでした。その結果、国土面積のわずか0・6%しかない沖縄県に、73・8%もの米軍専用施設を集中させるという、理不尽きわまりない状況を生んだのです。

(2) 普天間飛行場返還問題の原点

政府は、普天間飛行場返還の原点を、平成8年に行われた橋本・モンデール会談に求め、沖縄県が県内移設を受け入れた原点を、平成11年に当時の県知事と名護市長が受け入れたことに求めています。

しかしながら、普天間基地の原点は戦後、住民が収容所に入れられているときに米軍に強制接収をされたことにあります。

政府は、県民が土地を一方的に奪われ、大変な苦痛を背負わされ続けてきた事実を黙殺し、普天間基地の老朽化と危険性を声高に主張し、沖縄県民に新たな基地負担を強いようとしているのです。私は日本の安全保障や日米同盟、そして日米安保体制を考えたときに、「辺野古が唯一の解決策である」と、同じ台詞を繰り返すだけの政府の対応を見ていると、日本の国の政治の堕落ではないかと思わずにはいられません。

また、政府は過去に沖縄県が辺野古を受け入れた点を強調していますが、そこには、政府にとって不都合な真実を隠蔽《いんぺい》し、世論を意のままに操ろうとする、傲慢《ごうまん》で悪意すら感じる姿勢が明確に現れています。

平成11年、当時の稲嶺知事は、辺野古を候補地とするにあたり、軍民共用空港とすること、15年の使用期限を設けることを前提条件としていました。つまり、15年後には、北部地域に民間専用空港が誕生することを譲れない条件として、県内移設を容認するという、苦渋の決断を行ったのです。さらに、当時の岸本名護市長は、知事の条件に加え、基地使用協定の締結が出来なければ、受入れを撤回するという、厳しい姿勢で臨んでいました。

沖縄側の覚悟を重く見た当時の政府は、その条件を盛り込んだ閣議決定を行いました。ところが、その閣議決定は、沖縄側と十分な協議がなされないまま、平成18年に一方的に廃止されたのです。

当時の知事、名護市長が受入れに際し提示した条件が廃止された以上、受入れが白紙撤回されることは、小学生でも理解できる話です。

私は、政府が有利に物事を運ぶため、平然と不都合な真実を覆い隠して恥じることのない姿勢を見るにつけ、日本国の将来に暗澹《あんたん》たるものを感じずにはいられません。

（3）「沖縄は基地で食べている」――基地経済への誤解

よく、「沖縄は基地で食べているのではないか」とおっしゃる方がいます。その背後には、「だから少しぐらい我慢しろ」という考えが潜んでいます。

しかしながら、経済の面で言いますと、米軍基地の存在は、今や沖縄経済発展の最大の阻害要因になっています。米軍基地関連収入は、復帰前には、県民総所得の30％を超えていた時期もありましたが、復帰直後には15・5％まで落ちており、最近では約5％です。駐留軍用地の返還前後の経済状況を比較しますと、那覇新都心地区、小禄《おろく》金城地区、北谷《ちゃたん》町の桑江・北前地区では、返還前、軍用地の地代収入等の直接経済効果が、合計で89億円でありましたが、返還後の経済効果は２４５9億円で、約28倍となっております。また雇用については、返還前の軍雇用者数３２７人に対し、返還後の雇用者数は2万３５６４人で、約72倍となっております。税収は7億９千万円から２９８億円と約35倍に増えました。基地関連収入は、沖縄からするともう問題ではありません。経済の面から見たら、むしろ邪魔なのです。実に迷惑な話になってきているのです。

日本の安全保障という観点から一定程度我慢し協力しているのであって、基地が私たちを助けてきた、沖縄は基地経済で成り立っている、というような話は、今や過去のものとなり、完全な誤解であることを皆さんに知っていただきたいと思います。基地返還跡地には、多くの企業、店舗が立地し、世界中から問い合わせが来ています。

仲井真前知事のときに、普天間飛行場等の返還予定駐留軍用地が返されたときの経済効果を試算しました。現在の基地関連収入が５０１億円あります。返還後の経済効果を試算したところ、８９００億円との結果が出ました。約18倍です。普天間飛行場やキャンプキンザーが返されたら、民間の施設がここに立ち上がって、ホテルなどいろいろなものが出来上がって、沖縄経済がますます伸びていくのです。基地があるから邪魔しているのです。ですから、基地で沖縄が食っているというのは、もう40年、30年前の話であって、今や基地は沖縄経済発展の最大の阻害要因だということをしっかりとご理解いただきたいと思います。

（4）「沖縄は莫大な予算をもらっている」――沖縄振興予算への誤解

沖縄は他県に比べて莫大な予算を政府からもらっている、だから基地は我慢しろという話もよく言われます。年末にマスコミ報道で沖縄の振興予算３千億円とか言われるため、多くの国民は47都道府県が一様に国から予算をもらったところに沖縄だけ３千億円上乗せをしてもらっていると勘違いをしてしまっているのです。

都道府県や市町村が補助事業などを国に要求する場合、沖縄以外では、自治体が各省庁ごとに予算要求を行い、また、与党国会議員等を通して、所要額の確保に尽力するというのが、通常の流れです。しかし、復帰までの27年間、沖縄県は各省庁との予算折衝を行えず、国庫補助事業を確保するための経験は一切ありませんでした。一方で沖縄の道路や港湾などのインフラは大きく立ち後れ、児童・福祉政策なども日本とは大きく異なるものであり、迅速な対応が要求されていました。

復帰に際して、これらの課題を解決するために、沖縄開発庁が創設され、その後内閣府に引き継がれ、県や市町村と各省庁の間に立って予算の調整、確保に当たるという、沖縄振興予算の一括計上方式が導入されました。また、脆弱《ぜいじゃく》な財政基盤を補うため、高率補助制度も導入され、沖縄振興に大きな成果を上げつつ、現在に至っています。

しかしながら沖縄県が受け取っている国庫補助金等の配分額は、全国に比べ突出しているわけではありません。

例えば、県民一人あたりの額で見ますと、地方交付税や国庫支出金等を合わせた額は全国６位で、地方交付税だけでみると17位です。沖縄は内閣府が各省庁の予算を一括して計上するのに対し、他の都道府県では、省庁ごとの計上となるため、比較することが難しいのです。ですから「沖縄は３千億円も余分にもらっておきながら」というのは完全な誤りです。

一方で、次のような事実についても、知っておいていただきたいと思います。沖縄が米軍施政権下にあった27年間、そして復帰後も、全国では、国鉄により津々浦々まで鉄道網の整備が行われました。沖縄県には、国鉄の恩恵は一切ありませんでしたが、旧国鉄の債務は沖縄県民も負担しているのです。また、全ての自治体で標準的な行政サービスを保障するため、地方交付税という全国的な財政調整機能があります。沖縄には復帰まで一切交付されませんでした。

（5）基地問題に対する政府の対応

平成27年4月に安倍総理大臣と会談した際に総理大臣が私におっしゃったのが、「普天間の代替施設を辺野古に造るけれども、その代わり嘉手納以南は着々と返す。またオスプレイも沖縄に配備しているけれども、何機かは本土のほうで訓練をしているので、基地負担軽減を着々とやっている。だから理解をしていただけませんか」という話でした。それに対して私は総理大臣にこう申し上げました。「総理、普天間が辺野古に移って、そして嘉手納以南が返された場合に、いったい全体沖縄の基地はどれだけ減るのかご存じでしょうか」と。これは以前、当時の小野寺防衛大臣と私が話をして確認したのですが、普天間が辺野古に移って、嘉手納以南のキャンプキンザーや、那覇軍港、キャンプ瑞慶覧《ずけらん》とかが返されてどれだけ減るかというと、今の米軍専用施設の73・8％から73・1％、0・7％しか減らない。では、0・7％しか減らないのはなぜかというと、普天間の辺野古移設を含め、その大部分が県内移設だからです。

次に総理大臣がおっしゃるようにそれぞれ年限をかけて、例えば那覇軍港なら2028年、それからキャンプキンザーなら2025年に返すと言っています。それを見ると日本国民は、「おお、やるじゃないか。しっかりと着々と進んでいるんだな」と思うでしょう。しかし、その年限の後には、全て「またはその後」と書いてあります。「2028年、またはその後」と書いてあるのです。沖縄はこういったことに70年間付き合わされてきましたので、いつ返還されるか分からないような内容だということがこれでよく分かります。ですから、私は、総理大臣に「沖縄の基地返還が着々と進んでいるようには見えませんよ」と申し上げました。

それから、オスプレイもほぼ同じような話になります。オスプレイも本土の方で分散して訓練をしていますが、実はオスプレイが２０１２年に配備される半年ぐらい前から沖縄に配備されるのではないかという話がありました。当時の森本防衛大臣などにも沖縄に配備されるのかと聞きに行きましたが、「一切そういうことは分かりません」と言っておられました。

その森本さん自身が学者時代の２０１０年に出された本に「２０１２年までに最初の航空機が沖縄に展開される可能性がある」と書いておられます。防衛省が分からないと言っているものを、一学者が書いていてそのとおりになっているのです。私はその意味からすると、日本の防衛大臣というのは、防衛省というのは、よほど能力がないか、若しくは県民や国民を欺いているかどちらかにしかならないと思います。森本さんの本には「もともと辺野古基地はオスプレイを置くために設計をしている。オスプレイが１００機程度収容できる面積が必要」ということが書いてあります。そうすると今24機来ました。何機か本土に行っています。しかし、辺野古新基地が建設されると全て沖縄に戻ってくるということです。それが予測されるだけに、私は総理大臣にこのような経緯で、政府が今、沖縄の基地負担軽減に努めているとおっしゃっていることはちょっと信用できませんということを申し上げました。

また、13年前、当時のラムズフェルド国防長官が普天間基地を視察されました。そして基地を見て「これは駄目だ、世界一危険だから早く移転をしなさい」ということをおっしゃったことが報じられました。そして今、菅官房長官なども再三再四、世界一危険とも言われる普天間飛行場は辺野古に移すと言っておられます。私が日本政府に確認したいのは、ならば辺野古新基地が造れない場合に、本当に普天間は固定化するのですかということです。アメリカ政府、日本政府の主要の人間がこれだけ危険だと言っている普天間基地を、辺野古新基地ができない場合に固定化できるのですかということをお聞きしているわけです。私のこの問いに対し、安倍総理大臣からは返事がありませんでした。

2プラス2共同発表には、世界一危険だと指摘されている普天間飛行場の5年以内運用停止が明示されていません。普天間飛行場の5年以内の運用停止について、前知事は県民に対して「一国の総理大臣および官房長官を含め、しっかりと取り組むと言っている。それが最高の担保である」と説明しています。5年以内運用停止は前知事が辺野古新基地に係る公有水面埋立承認に至った大きな柱であります。しかし、米国側からは日米首脳会談でも、この件に言及することはありませんでした。5年以内運用停止は埋立承認を得るための話のごちそう、「話クワッチー」、空手形だったのではないかと私は危惧しております。

今日まで、基地問題がさまざまな壁にぶつかる時に、時の政府は、基地問題の解決あるいは負担軽減策等々、大変いい話をして、その壁を乗り越えたら知らんふりをするということを繰り返してきました。その結果、多くの県民は今ではそのからくりを理解しています。これが70年間の沖縄の基地問題の実態なのです。

(6) 県民世論

普天間飛行場の返還を20年間できなかったということについて、政府に反省がないと思います。なぜ20年間、返還を実現できなかったのですかということに政府は答えておられない。ですから、平成25年、前知事が辺野古新基地に係る公有水面埋立承認をしたことばかり強調されているわけです。

平成26年、沖縄県は選挙に始まり、選挙に終わった年でした。まず、1月に行われた名護市長選では、辺野古移設反対の候補が再選を果たしました。

11月に行われた知事選挙では、現職知事を相手に、私が圧倒的な得票で当選を果たしました。そして12月、全国的には自由民主党が290議席という形で圧倒的に勝利した総選挙では、沖縄の4つの小選挙区全てで自由民主党候補が敗れました。

このような圧倒的な民意が示された中で、地元の理解を得ることなく日米安保体制・日米同盟をこれから安定的に維持できるのか。私が当選した時点で政府側から色々な意見交換や話し合いがあってもよかったのかなという思いがありますが、政府は必ず辺野古新基地を造るというスタンスであり、実現しませんでした。

それから菅官房長官は、沖縄県民の民意について、いろいろな意見があるでしょうと発言されています。昨年の名護市長選挙、特に県知事選挙、衆議院選挙、争点はただ一つでした。前知事が埋立承認をしたことに対する審判を問うたのです。私と前知事の政策面での違いは埋立承認以外に大きなものはありません。ですからあの埋立承認の審判が今度の選挙の大きな争点であり、その意味で10万票の差で私が当選したことは、沖縄県民の辺野古新基地建設反対という明確な意思が示されたものであります。

4 日米安全保障条約

私は、自由民主党の県連幹事長をしておりましたので、日米同盟、日米安保を十分理解しておりますが、国土面積のわずか0・6%しかない沖縄県に、73・8%もの米軍専用施設を押し付け続けるのは、いくらなんでもひどいのではないですかということを申し上げているわけです。

しかし、政府は、どこそこから攻められてきたらどうするのだ、沖縄に海兵隊がいなければとても日本は持たないのではないかという発想で日米安保を考えています。

世の中はソビエトが崩壊しました。中国も、昔のような中国ではありません。米国と中国がどういう形で米中関係を築いていくか等、こういったことを考えると、70年代のまま全く同じように在沖米軍基地があるべきなのか考える必要があります。30年前、私は自由社会を守るべきだと体を張って頑張りましたが、ソビエトが崩壊し中国の形が変わった今でも、政府からは今度は中東問題のために沖縄が大切、シーレーンのためにも沖縄が大切と、どのように環境が変わっても沖縄には基地を置かなければいけないという説明が繰り返されております。

沖縄一県に日本の防衛のほとんど全てを押し込めていれば、いざ、有事の際には、沖縄が再び戦場になることは明らかです。

私は自国民の自由、平等、人権、民主主義を守れない国が、どうして世界の国々にその価値観を共有することができるのか疑問に思っています。

同時に、日米安保体制、日米同盟はもっと品格のある、誇りの持てるものでなければアジアのリーダーとして、世界のリーダーとしてこの価値観を共有することができないのではないかと思っております。

私はこれまでに橋本総理大臣、小渕総理大臣、そしてその時の野中官房長官、梶山官房長官等々、色々と話をする機会がありました。野中先生なども国の安全保障体制の考え方に違いがありませんが、当時、県会議員の1、2期の私に、土下座せんばかりに「頼む。勘弁してくれ。許してくれ」とお話をされるような部分が、どの先生にもありました。後藤田正晴先生も私が那覇市長になった15年程前にお会いしたら「俺は沖縄に行かないんだ」とおっしゃいました。私は沖縄が何か先生に失礼なことをしたのかなと思ったのですが、その後の話に胸が熱くなりました。「かわいそうでな。県民の目を直視できないんだよ、俺は」

とおっしゃったのです。こういう方々がたくさんおられました。

そういった中で、日本の安全保障あるいはアジアの安定、日米同盟の大切さ、あるいは中国が台頭してきている米中の関係等も全て踏まえながら、沖縄への思いを伝えながらの対話でありました。私も基本的には「こんなに基地を置いてもらっては困りますよ」と申し上げましたが、沖縄への深い思いを抱いていた当時の先生方とは、対話は成り立っていたのです。

しかしながら、この5、6年というのは全くそれが閉ざされてしまっています。沖縄の歩んできた苦難の歴史への反省や洞察が十分ないまま、沖縄が何か発言すると、政府と対立している、振興策はあれだけもらっていて何を文句を言っているのだ、生意気だと非難されます。今のような状況を考えますと、戦後27年間、その間に日本の独立と引換えに沖縄が切り離され、米軍施政権下に置かれ続けた、あの時代は何だったのだろうと思います。

いつまでも昔の話をするなという方がいるかもしれません。しかし、本当の対話を可能にするには、こういう昔の出来事の話からしなければならないのです。仮に海兵隊が全ていなくなれば、あるいは少しは残ったとしても、私は「過去は過去」という話になり得ると思います。しかし、国土面積のわずか0・6%しかない沖縄県に、73・8%もの米軍専用施設を置いたまま、これから10年も20年、あるいは30年もとなると、やはり日米安保、日米同盟というのは砂上の楼閣に乗っているような、そういう危ういものになるのではないかと思っています。

5　前知事の突然の埋立承認

平成22年の県知事選では私は仲井真前知事の選対部長をして普天間飛行場の県外移設ということで選挙

を戦い、前知事が当選を果たしました。2カ年半は全く同じ考え方を発信しながらやっておりました。実際、仲井真前知事の議会等でのご発言を見ていただければ分かりますが、私が今申し上げていることとほとんど同じようなことを話しています。

例えば、私がよく、危険な普天間基地の移設について、嫌なら沖縄が代替案を出せ等と言われることに対して、「日本の国の政治の堕落だ」ということを申し上げますが、実は、この言葉は、他でもない仲井真前知事が発したものでした。それだけに、突然、公約を破棄する形で埋立承認をされ、これによって今日の事態が生じているわけでありますから、今思い返しても大変残念であり、無念な出来事だったと思っております。

安倍総理大臣との会談後、「有史以来の予算。これはいい正月になる」と記者会見で満面の笑みを浮かべたわずか2日後に行われた、辺野古の埋立承認でした。多くの県民は、あたかも振興策と引き替えにしたような承認に、誇りを傷つけられました。それは同時に、承認手続そのものへの不信感を招く結果ともなったのです。

6 前知事の承認に対する疑問―取り消しに至る経緯

(1) 仲井真前知事の埋立承認についての疑問

仲井真前知事の突然の埋立承認に対する疑問は、あまりに突然の対応の変化が不自然であったという感覚的なものだけではありませんでした。承認に至る手続の中で示されてきた知事意見や生活環境部意見を踏まえても判断を誤っているのではないかと思われるものでした。

ア　埋立承認に至る経緯をみますと、まず、仲井真前知事は、平成24年3月に、辺野古埋立事業についての環境影響評価書についての意見を述べましたが、その内容は、「評価書で示された環境保全措置等では、事業実施区域周辺域の生活環境及び自然環境の保全を図ることは、不可能と考える」というものでした。

イ　その後、平成25年11月には、「普天間飛行場代替施設建設事業公有水面埋立承認願書に対する名護市長意見書」が名護市議会において可決され、同月27日に沖縄県に提出されておりましたが、同意見書は、「環境保全に重大な問題があり、沖縄県知事意見における指摘のとおり、事業実施区域周辺域の生活環境及び自然環境の保全を図ることは不可能であると考え、本事業の実施については強く反対いたします。本件申請については、下記の問題があると考えられますので、未来の名護市・沖縄県への正しい選択を残すためにも、埋め立ての承認をしないよう求めます」というものでした。

ウ　同じ頃、県では、土木建築部海岸防災課・農林水産部漁港漁場課により、審査状況について中間報告が提出されております。同報告は、「『事業実施区域周辺域の生活環境及び自然環境の保全を図ることは不可能』とした知事意見への対応がポイント」とするとともに、「環境生活部の見解を基に判断」するとしていました。

そして、平成25年11月29日、環境生活部長から土木建築部長宛に、環境生活部長意見が提出されております。そこでは、環境保全の見地から、18項目にわたって詳細に問題点を指摘したうえで、「当該事業に係る環境影響評価書に対して述べた知事等への意見への対応状況を確認すると、以下のことなどから当該事業の承認申請書に示された環境保全措置等では不明な点があり、事業実施区域周辺域の生活環境及び自然環境の保全についての懸念が払拭できない」と結論づけていました。

その後、土木建築部から環境生活部への再度の照会等はなされておりませんので、この結論が、環境生活部の最終意見ということになっているのです。

エ　仲井真前知事の埋立承認は、それからわずか1カ月後でした。環境生活部の最終意見についてどうやって対応できたのか、非常に疑問が残る突然の承認であったのです。

（2）第三者委員会の設置と国との集中協議

ア　このように、前知事の承認は、単純に公約違反というような政治的な意味合いにとどまらない問題をはらんでいると思われました。世論はもちろん、環境関係の専門家らから要件を充足していない違法な承認であるとの抗議が一斉に起きたのです。

そこで、平成26年12月に知事に就任した私は、まず、埋立承認に法律的な瑕疵《かし》がないか確認することとしました。平成27年1月26日に第三者委員会を設置し、環境面から3人、法律的な側面から3人の6人の委員に依頼して、客観的、中立的に判断していただくようお願い致しました。

その結果、平成27年7月16日に法律的な瑕疵があったとの報告を受けました。報告書は、約130ページに及ぶもので、公水法の各要件について詳細な検討がなされておりました。

イ　その後、平成27年8月10日から9月9日まで、沖縄県と国とが集中的に協議をするということで国が工事を中止して、会議が始まりました。

私はその中で沖縄県の今日までの置かれている立場、歴史、県民の心、基地が形成されてきた過程、あるいは沖縄県の振興策のあるべき姿や現状を説明し、ご理解を得られるよう最大限努力しました。5回の集中協議の中で、私の考え方をまんべんなく申し上げましたが、国から返ってくる言葉はほとんどなく、残念ながら私の意見を聞いて考えを取り入れようというものは見えてきませんでした。

集中協議では、ある意味で溝が埋まるようなものが全くない状況でございました。協議の中でも、私どものいろいろな思いをお話しさせていただきましたが、一つ議論が少しできたのは、防衛大臣との抑止力の問題だけで、それ以外は、閣僚側から意見、反論はありませんでした。

その抑止力の問題についてですが、一つには、沖縄一県に米軍基地を過度に集中させている現状にあります。このことは他国からすれば、日本全体で安全保障を守るという気概が見えず、日本の安全保障と抑止力の観点から深刻な問題であると考えています。

また、防衛省は、海兵隊が沖縄に駐留する必要性として、海兵隊の機動性、即応性、一体性を挙げて説明します。しかし、海兵隊は今でも、各国の基地にローテーション配備されている状況にあります。防衛省が主張する機動性等は、逆に沖縄以外での配備が十分に可能であることを示すものであり、沖縄に配備し続ける理由たり得ないのです。

この他にも、海兵隊は西日本にあれば足りるとする森本元防衛大臣の発言や、海兵隊の分散配備を可能とする中谷防衛大臣の過去の発言など、沖縄に起き続けなければならないことを否定するような話は、政府高官からも出ているのです。

抑止力と関連しまして中国の脅威でありますけれども、中谷防衛大臣からは、中国軍機によるスクランブルや尖閣への領海侵犯の説明とともに、宮古にも石垣にも与那国にも自衛隊基地を置く必要があるとの話がありました。

私が申し上げたのは、それでは、私たちが27年間、米軍の施政権下にあったときのソビエトとの冷戦構造時代は、今の時代よりは平和だったのでしょうかと。その過去と比べて、いわゆる今の中国の脅威というものは、あの冷戦構造時代よりももっと脅威になっているのかどうか。日本政府は積極的平和主義ということで、オバマ大統領と協定を結び、これから中東も視野に入れて、沖縄の基地を使うと言っているのです。

沖縄は、冷戦構造のときには自由主義社会を守るという理由で基地が置かれ、今度は中国を相手に、さらには中東までも視野に入れて、沖縄に基地を置き続けるということになります。これはまるで、私たちの沖縄というのは、ただ、ただ、世界の平和のためにいつまでも、膨大な基地を預かって未来永劫《えいごう》、我慢しろということを強要されているのに等しいことです。沖縄県民も日本人であり、同じ日本人としてこのような差別的な取り扱いは、決して容認できるはずもありません。

それから、ジョセフ・ナイ氏や、マイク・モチヅキ氏といった高名な研究者が、「沖縄はもう中国に近すぎて、中国の弾道ミサイルに耐えられない。こういう固定的な、要塞的な抑止力というのは、大変脆弱性がある」というような話もされております。また、米有力シンクタンクの最新の研究でも沖縄の米軍基地の脆弱性が指摘されています。抑止力からすれば、もっと分散して配備することが理にかなっているのです。

中国のミサイルへの脅威に、本当に沖縄の基地を強化して対応できるのか。これが私からすると大変疑問であります。なおかつオスプレイは運輸、輸送するための航空機であることを考えると、抑止力になるということは、まずあり得ないというのが私の考えです。

私は、中谷防衛大臣とお話をしたとき、巡航ミサイルで攻撃されたらどうするんですか、と尋ねました。すると大臣は、ミサイルにはミサイルで対抗するとおっしゃったのです。迎撃ミサイルで全てのミサイルを迎撃することは不可能ですし、迎撃に成功した場合でも、その破片が住宅地に落ちて大きな被害を出したことを、私たちは湾岸戦争等を通じて知っています。ですから、防衛大臣の発言を聞いたときには、私は心臓が凍る思いがしました。そして、沖縄県を単に領土としてしか見ていないのではないか、１４０万人の県民が住んでいることを理解していないのではないかと申し上げたのです。

4回目の協議で菅官房長官と話をした際、沖縄県の色々な歴史、県民の心を話して、それについてのお考えはありませんかと申し上げましたが、その時に官房長官が何とおっしゃったかといいますと、私は戦後生まれで、なかなかそういうことが分かりにくいと。また、普天間の原点は橋本・モンデール会談ですとおっしゃっていました。

私なりに言葉を尽くして説明しましたが、この発言には驚かされました。そしてこの方には、沖縄の抱える問題についてご理解いただけない、理解するつもりもないのではないかという印象を抱いた次第です。

5回目の最後の協議には、安倍総理大臣も出席されておりました。私は安倍総理大臣にはこういう話をしました。

私たちがアメリカ、ワシントンDCに行きまして、米国政府関係者に話を聞いていただいても、最後は国内問題だから日本政府に言いなさいとなります。

そして、日本政府に申し上げると、アメリカが嫌だと言っていると。こういうものが過去の歴史で何回もありました。

私はそれを紹介した後に、沖縄が米軍の施政権下に置かれているときに、沖縄の自治は神話だと高等弁務官から言われましたが、日本の真の独立は神話だと言われないようにしてください、ということを総理大臣に申し上げたわけです。しかし、総理大臣からは何も意見はありませんでした。

そういう状況の中で、最後の集中協議の場で、私の方から、このまま埋立工事を再開する考えなのか尋ねたところ、菅官房長官からは「そのつもりです」という話があり、事実、協議期間の終わった翌日には有無を言わさず工事を再開する政府の姿勢に、沖縄のみならず日本の行く末に大きな不安を感じた次第です。

集中協議の終了後、顧問弁護士や県庁内での精査の結果、承認には取り消し得べき瑕疵《かし》があることが認められたため、私は取り消しの決意を固めました。

ウ　今回、取り消し手続の中で、意見聴取、あるいは聴聞《ちょうもん》の期日を設けましたが、沖縄防衛局長には応じていただけませんでした。陳述書は提出されましたが、聴聞に出頭してもらえなかったことを考えますと、政府の皆様が繰り返しおっしゃられる「沖縄県民に寄り添ってこの問題を解決する」姿勢は微塵《みじん》も感じられませんでした。

こうした意見聴取、聴聞という取り消し手続を経て今回の承認取り消しに至るわけですが、これはもうある意味で沖縄県の歴史的な流れ、あるいはまた戦後70年の在り方、そして現在の、0・6％に73・8％という、沖縄の過重な基地負担、ひいては日米安保のあり方等について、多くの県民や国民の前で議論されることに意義があると思います。

いろんな場面、場面で私たちの考え方を申し上げて、多くの県民や国民、そして法的な意味でも政治的な意味でも理解していただきたいと思っております。

なお、原告である国土交通大臣は、地方自治法に基づく代執行手続に入る前日に、沖縄防衛局長が行った審査請求に対し、審査庁として取り消し処分を停止する決定を行っております。準司法的手続であり、審査庁である国土交通大臣には厳格な中立性が求められます。その審査庁自身が、原告として知事を訴えるという、異様としか言いようのない対応が行われています。法治国家であることを自ら否定するような国土交通大臣の対応は、沖縄県民の民意を踏みにじるためなら手段を選ばない、米軍基地の負担は、沖縄県だけに押しつければよいという、安倍内閣の明確な意思の表れに他なりません。

しかし、沖縄県にのみ日米安全保障の過重な負担を強要する政府の対応そのものが、日本の安全保障を危うくしかねない問題をはらんでいます。やはり日本全体で日米安全保障を考えるという気概がなければ、日本という国がおそらく他の国からも理解されないだろう、尊敬されないだろう、というように考えます。

(3) 承認取り消しへ

前述のとおり、第三者委員会による報告を受けた後、集中協議においても、なぜ基地の過重な負担に苦しむ沖縄の辺野古に新たに基地を造らなければならないのか等について質問させていただきましたが、納得のいく回答は全く得られませんでした。そのうえ、菅官房長官は、協議終了後には、工事を再開すると言われました。

そこで、顧問弁護士や県庁内での精査の結果、承認には取り消し得べき瑕疵があることが認められたため、平成27年10月13日に、前知事の承認処分を取り消しました。

(4) 政府の対応

沖縄防衛局長が取り消し通知書を受け取った日の翌日に審査請求を行ったことは、新基地建設ありきの政府の強硬姿勢を端的に示すもので誠に残念でした。

行政不服審査法は、国や地方公共団体の処分等から国民の権利利益の迅速な救済を図ることを目的としておりますが、国の一行政機関である沖縄防衛局が、自らを国民と同じ「私人」であると主張して審査請求を行うことは、同法の趣旨にもとる行為であり、国民の理解を得られないと思います。

また、「辺野古が唯一」という政府の方針が明確にされている中で、同じ内閣の一員である国土交通大臣に、本件について審査請求を行うことは不当という他ありません。いずれにしても、行政不服審査法の運用上悪しき前例になるものと考えております。

執行停止につきましては、去る平成27年10月21日、９００ページを超える意見書とこれに関する証拠書類を提出しました。その際、国土交通大臣に対しては、「県の意見書を精査し、慎重かつ公平にご判断いただきたい」旨申し上げました。

「辺野古が唯一」という政府の方針が明確にされてはおりますが、国土交通大臣におかれては、審査庁として公平・中立に審査されると期待しておりました。しかし、それが実質2、3日のわずかな期間で、しかも、沖縄防衛局長が一私人の立場にあるということを認めた上で執行停止の決定がなされたことに、強い憤りを覚えました。この執行停止決定については、やはり内閣の一員として結論ありきの判断をされたと言わざるを得ません。

このような国土交通大臣の執行停止決定は違法な関与行為であると考え、沖縄県では国地方係争処理委員会に対して審査を申し出ております。

理由としては2点あります。

第1に、代執行手続には、執行停止の手続が定められておりません。このたびの本件執行停止は、まさしく、代執行手続が進められている間も埋立工事を行うための方便として使われているものにほかなりません。政府は、「辺野古が唯一」との方針を明確に示しておりますが、憲法上、内閣の構成員は一体となって統一的な行動をとることが求められています。沖縄防衛局長は、防衛大臣の指揮命令を受けて業務に従事しているに過ぎず、また、内閣の構成員である国土交通大臣が、閣議決定等が行われている辺野古移設の方針に反する判断を下すことは不可能であります。したがって、今回の審査請求では、判断権者の公正・

中立という行政不服審査制度の前提が欠落していると言わざるを得ません。

第2に、本来、公有水面埋立承認は、国が米軍基地の建設を目的として、「固有の資格」、つまり私人には行い得ない立場において受けたものです。本件執行停止決定が、沖縄防衛局長を私人と同様の立場にあると認めたのは明らかに誤っております。この点につきましては、90名を超える行政法学者からも批判されております。

7 主張

(1) 政府に対して

私は1カ月間の集中協議の中で、沖縄の歩んできた苦難の歴史や県民の思い等々を説明しました。その置かれている歴史の中で戦後の70年があったわけで、その中の27年間という特別な時間もありました。そして、復帰後も国土面積の0・6%に在日米軍専用施設の73・8パーセントの基地があるという状況に変わりがありません。それは米軍施政権下の1950年代に日本本土に配備されていた海兵隊が、反対運動の高まりにより、沖縄に配置された結果、沖縄の基地は拡充され、今につながっているのです。

このように沖縄の歴史や置かれている立場等をいくら話しても、基地問題の原点も含め、日本国民全体で日本の安全保障を考える気概も、その負担を分かち合おうという気持ちも示してはいただけませんでした。そのような状況に対して、私は「魂の飢餓感」という言葉を使うほかありませんでした。

政府に対しては、辺野古新基地が出来ない場合、これはラムズフェルド国防長官が普天間は世界一危険な飛行場だと発言され、官房長官も国民や県民を洗脳するかのように普天間の危険性除去の為に辺野古が唯一の政策だとおっしゃっていますが、辺野古が出来なければ本当に普天間の危険性を固定化しつづけるのか、明確に示していただきたいと思います。

そして、埋め立てを進めようとしている大浦湾は、「自然環境の保全に関する指針（沖縄島編）」において、大部分が、「自然環境の厳正な保護を図る区域」であるランク1に位置づけられています。この美しいサンゴ礁の海、ジュゴンやウミガメが生息し、新種生物も続々と発見され、国内有数の生物多様性に富んでいる海を簡単に埋めて良いのか。一度失われた自然は二度と戻りません。日本政府の環境保護にかける姿勢について、国内だけではなく、世界から注視されています。

安倍総理大臣は第一次内閣で「美しい国日本」と、そして今回は「日本を取り戻そう」とおっしゃっています。即座に思うのは「そこに沖縄は入っていますか」ということです。そして「戦後レジームからの脱却」ともおっしゃっています。しかし、沖縄と米軍基地に関しては、「戦後レジームの死守」のような状況になっています。そしてそれは、アメリカ側の要望によるものではなく、日本側からそのような状況を固守していることが、様々な資料で明らかになりつつあります。沖縄が日本に甘えているのでしょうか、日本が沖縄に甘えているのでしょうか。これを無視してこれからの沖縄問題の解決、あるいは日本を取り戻すことはできないと考えています。沖縄の基地問題の解決は、日本の国がまさしく真の意味でアジアのリーダー、世界のリーダーにもなり得る可能性を開く突破口になるはずです。辺野古の問題で、日本と沖縄は対立的で危険なものに見えるかもしれませんが、そうではないのです。

沖縄の基地問題の解決は、日本が平和を構築していくのだという意思表示となり、沖縄というソフトパワーを使っていろいろなことができるでしょう。さまざまな意味で沖縄はアジアと日本の懸け橋になれる。そして、アジア・太平洋地域の平和の緩衝地帯となれるのです。

辺野古から、沖縄から日本を変えるというのは、日本と対立するということではありません。県益と国益は一致するはずだ、というのが、私が日頃からお話ししていることなのです。

琉球処分、沖縄戦、なぜいま歴史が問い直されるのか。それは、いま現に膨大な米軍基地があるから過去の歴史が召還されてくるのです。極端に言うと、もし基地がなくなったら、一つのつらい歴史的体験の解消になりますから、「過去は過去だ」ということになるでしょう。銃剣とブルドーザーで奪われた土地が基地になり、そっくりそのままずっと置かれているから、過去の話をするのです。生産的でないから過去の話はやめろと言われても、いまある基地の大きさを見ると、それを言わずして、未来は語れないのです。ここのところを日本国が気づいていないものと考えております。

(2) 国民、県民、世界の人々に対して

よく私が辺野古移設反対と述べると、本土の方から、「あなたは日米安保に賛成ではないですか」と質問されます。私が「賛成です」と答えますと「なぜ辺野古移設に反対するのですか」と続きます。その時に私は「本土の方々は日米安保に反対なのですか。賛成ならば、なぜ米軍基地を受け入れないのですか」と申し上げています。こういったものの見方が、沖縄と本土の人とでは完全にすれ違っているのだと考えています。

米軍基地問題はある意味では沖縄が中心的な課題を背負っているわけですが、日本という国全体として、地方自治、本当に一県、またはある特定の地域に、こういったことが起きた時に日本としてどう在るべきか、今回の件は多くの国民に見て、考えてもらえるのではないかと思っております。そういう意味からしますと、一義的に沖縄の基地問題あるいは歴史等々を含めたことではありますが、日本の民主主義、安全保障というものに対して、国民全体が真剣に考えるきっかけになってほしいと思っております。

平成26年12月に知事に当選した私が、官邸の方とお会いしようとしても、全く会ってもらえませんでした。いろいろ、周辺から意見がございましたが、私があの時、今のあるがままを見て、県民も国民も考えてもらいたい、ということを3月までずっと言い続けてきたわけであります。

政府は、大勢の海上保安官や警視庁機動隊員を現場に動員し、行政不服審査法や地方自治法の趣旨をねじ曲げてまで、辺野古埋め立て工事を強行しています。それに対して、私たちは暴力で対抗することはしません。法律に基づく権限を含め、私はあらゆる手法を駆使して辺野古新基地建設を阻止する覚悟です。

そのあるがままの状況を全国民に見てもらう。私からも積極的に情報を発信し、政府とも対話を重ねていきます。そうすることで、今まで無関心、無理解だった本土の方々もこのような議論を聞きながら、小さな沖縄県に戦後70年間も過重な基地負担を強いてきたことをきちんと認識してもらいたい。まして日本のために10万人も県民が地上戦で亡くなって、そういうふうに日本国に尽くして日本国を思っている人々に対し、辺野古新基地建設を強行し、過重な基地負担を延長し続けるということが、どういう意味を持つのか、日本国の品格、処し方を含めて考えていただきたいと思っております。

いわゆるアジアのリーダー、世界のリーダー、国連でももっとしっかりした地位を占めたいという日本が、自国民の人権、平等、民主主義、そういったものも守ることができなくて、世界のそういったものと共有の価値観を持ってこれからリーダーになれるかどうかという点について、国民全体で考えるきっかけになればいいと思っております。

国民と県民の皆さん方に知っていただきたいことは、政府は、普天間基地の危険性除去のため辺野古移設の必要性を強調する一方で、5年以内の運用停止を含めた実際の危険性の除去をどのように進めるかについては、驚くほど寡黙なことです。

辺野古新基地建設には、政府の計画通り進んだとしても10年間かかります。しかし、埋め立て面積が161ヘクタールと広大であること、埋立区域の地形が複雑で最大水深も40メートルを超えること、沖縄が台風常襲地帯であること等を考慮すれば、新基地が実際に供用されるまで、十数年から場合によっては20年以上の歳月が必要となることは、沖縄県民なら容易に推測できます。

私からは、普天間基地の危険性を除去するため、集中協議で再三再四、5年以内の運用停止の具体的な取組みを求めましたが、安倍総理大臣や菅官房長官などからは、何ら返答をいただくことは出来ませんでした。

運用停止について一切の言及がなかったことは逆に、政府にとって不都合な真実を浮かび上がらせることになったのではないかと考えています。

つまり、辺野古新基地が供用開始されるまでの間は、例え何年何十年かかろうとも、現在の普天間基地の危険性を放置し、固定化し続けるというのが、政府の隠された方針ではないか、ということです。

辺野古埋め立てにより全てがうまくいく、という政府の説明を真に受けてはいけません。5年以内の運用停止の起点からまもなく2年になるのに、なぜ、全く動かないのか、政府から決して説明されることのない、真の狙いについて、国民、県民の皆様にも、真剣に考えていただきたいと思います。

そして、普天間飛行場代替施設が辺野古に仮にできるようなことがありましたら、耐用年数200年間とも言われる新基地が、国有地として、私たちの手を及ばないところで、縦横無尽に161ヘクタールを中心としたキャンプ・シュワブの基地が永久的に沖縄に出来てくることになり、沖縄県民の意志とは関係なくそこに大きな基地が出来上がってきて、それが自由自在に使われるようになります。

今、中国の脅威が取りざたされておりますけれども、その意味からすると200年間、そういった脅威は取り除かれない、というような認識でいるのかどうか。そして今日までの70年間の基地の置かれ方というものについてどのように反省をしているのか。日本国民全体で考えることができなかったことについて、どのように考えているのかを問いたいのです。

私は、世界の人々に対しても、ワシントンＤＣや国連の人権委員会で沖縄の状況について説明させていただきました。

安倍総理大臣は、国際会議の場等で、自由と平等と人権と民主主義の価値観を共有する国と連帯して世界を平和に導きたい、というようなことを繰り返し主張されておられます。しかしながら、私は、今の日本は、国民にさえ自由、平等、人権、あるいは民主主義というようなものが保障されていないのではないか、そのような日本がなぜ他の国々とそれを共有できるのか、常々疑問に思っておりました。そこで、沖縄の状況を世界に発信するべきだと考えたのです。

民主主義国・日本、民主主義国・アメリカとして本当にこの状況に、世界の人々の理解を得られるのかどうか、沖縄の状況のあるがままを世界の人々に見ていただくということは、これからの日本の政治の在り方を問うという意味でも大切なことだと思っています。

（3）アメリカに対して

私たちがアメリカに要請に行くと「基地問題は日本の国内問題だから、自分たちは知らない」と、必ずそうおっしゃいます。

しかし、自然環境保全の観点から、また、日米安保の安定運用や日米同盟の維持を図る観点から、アメリカは立派な当事者なのです。傍観者を装う態度は、もはや許されません。

まず、新基地が建設される辺野古の海は、ジュゴンが回遊し、ウミガメが産卵し、短期間の調査で新種の生物が多数発見される、日本国内でも希有《けう》な、生物多様性に富む豊かな海です。海は一度埋め立ててしまったなら、豊かな自然は永久に失われます。未発見の生物を含め、辺野古大浦湾にしか生息しない多くの生物が絶滅を免れません。深刻な自然環境の破壊と多くの生物を絶滅に追いやるのが日米両政府であり、海兵隊であることを、アメリカの人々はきちんと認識し、受け止めなければなりません。海兵隊基地を建設する以上、自然環境破壊の責任は、アメリカにもあるのです。

次に、日米同盟の維持についてですが、アメリカに対し、私自身が安保体制というものは十二分に理解をしていること、しかしながら、沖縄県民の圧倒的な民意に反して辺野古に新基地を建設することはまずできないということを訴えていきたいと思います。仮に日本政府が権力と予算にものを言わせ、辺野古新基地建設を強行した場合、沖縄県内の反発がかつてないほど高まり、結果的に米軍の運用に重大な支障を招く事態が生じるであろうことは、想像に難くありません。

私は安保体制を十二分に理解をしているからこそ、そういう理不尽なことをして日米安保体制を壊してはならないと考えております。日米安保を品格のある、誇りあるものにつくり上げ、そしてアジアの中で尊敬される日本、アメリカにならなければ、アジア・太平洋地域の安定と発展のため主導的な役割を果たすことはできないと考えております。

以上

琉球新報社

1893年9月15日に沖縄初の新聞として創刊。1940年、政府による戦時新聞統合で沖縄朝日新聞、沖縄日報と統合し「沖縄新報」設立。戦後、米軍統治下での「ウルマ新報」「うるま新報」を経て、1951年のサンフランシスコ講和条約締結を機に題字を「琉球新報」に復題。現在に至る。
各種のスクープ、キャンペーン報道で、4度の日本新聞協会賞のほか、日本ジャーナリスト会議（ＪＣＪ）賞、石橋湛山記念早稲田ジャーナリズム大賞、平和・協同ジャーナリスト基金賞、新聞労連ジャーナリズム大賞、日本農業ジャーナリスト賞など、多数の受賞記事を生んでいる。

沖縄は「不正義」を問う
――第二の〝島ぐるみ闘争〟の渦中から

●二〇一六年二月一五日――第一刷発行

編著者／琉球新報社論説委員会

発行所／株式会社 高文研
東京都千代田区猿楽町二―一―八
三恵ビル（〒一〇一＝〇〇六四）
電話 03＝3295＝3415
振替 00160＝6＝18956
http://www.koubunken.co.jp

印刷・製本／モリモト印刷株式会社

ISBN978-4-87498-590-8 C0036